MUSONIUS RUFUS

DIE KUNST, TROTZ MÜHSAL GUT ZU LEBEN

DIE LEHREN EINES RÖMISCHEN STOIKERS

DIE KUNST, TROTZ MÜHSAL GUT ZU LEBEN

DIE LEHREN EINES RÖMISCHEN STOIKERS

MUSONIUS RUFUS

Bibliografische Information der Deutschen Nationalbibliothek
Die Deutsche Nationalbibliothek verzeichnet diese Publikation in der Deutschen Nationalbibliografie. Detaillierte bibliografische Daten sind im Internet über http://dnb.d-nb.de abrufbar.

Für Fragen und Anregungen:
info@finanzbuchverlag.de

1. Auflage 2022

Türkenstraße 89
80799 München
Tel.: 089 651285-0
Fax: 089 652096

Die englische Originalausgabe erschien 2020 unter dem Titel *That One Should Disdain Hardships. The teachings of a Roman Stoic* bei Yale University Press, ursprünglich veröffentlicht 1947 in den *Yale Classical Studies Band 10* bei Yale University Press. © 2020 by Yale University. All rights reserved.

Hinweis zur vorliegenden deutschen Ausgabe
Dies ist eine Übersetzung des englischsprachigen Werkes *That One Should Disdain Hardships*, erschienen bei Yale University Press (2020). Es wurde darauf geachtet, dass der deutsche Text für heutige Leser verständlich und gut lesbar ist. Der Wortlaut kann daher von anderen deutschen Übersetzungen abweichen.

Übersetzung: Kerstin Brömer
Redaktion: Anne Büntig-Blietzsch
Korrektorat: Caroline Kazianka
Umschlaggestaltung: Marc-Torben Fischer
Satz: Röser MEDIA GmbH & Co. KG, Karlsruhe
Druck: GGP Media GmbH, Pößneck
Printed in Germany

ISBN Print 978-3-95972-497-5
ISBN E-Book (PDF) 978-3-96092-942-0
ISBN E-Book (EPUB, Mobi) 978-3-96092-943-7

Inhalt

Einführung von Gretchen Reydams-Schils

Der stoische Philosoph Musonius Rufus war einer der einflussreichsten Lehrer seiner Zeit – der römischen Kaiserzeit – und seine Botschaft ist noch heute verblüffend aktuell. Er zeichnete sich dadurch aus, dass er die damals üblichen Erwartungen und Werte auf ruhige Art infrage stellte. In seinen Texten lässt er hier und da einen trockenen Humor erkennen, zudem versteht er es, das Innerste des Lesers zu erreichen, und zwar nicht dadurch, dass er Gift und Galle spuckt wie die Straßenprediger, sondern indem er zum Beispiel fragt, warum wir für alles Mögliche so viel Mühe aufwenden, nur nicht dafür, zu lernen, wie man gut lebt. »Akrobaten«, so sagt er, »stellen sich ohne Bedenken ihren schwierigen Übungen und riskieren dabei ihr Leben. Sie schlagen Salti über nach oben gerichtete Schwerter oder balancieren in großer Höhe über ein Seil oder fliegen wie Vögel durch die Luft, wobei ein einziger Fehler den Tod nach sich zieht, und das alles für einen erbärmlich geringen Lohn.« Er fährt fort: »Und da sollten wir nicht bereit sein, um des vollkommenen Glücks willen Mühsal zu ertragen?« (Siehe Kapitel »Warum wir Mühsal verachten sollten«.)

Die stoischen Ansichten darüber, was gut ist oder was Glück bedeutet, stellen unser übliches Wertesystem allerdings auf den Kopf. Diese Art des Guten mag uns recht fremd vorkommen, so, wie es wahrscheinlich auch für viele Menschen zu Musonius Rufus' Zeiten der Fall war, sofern sie nicht zuvor mit Philosophie oder Stoizismus in Berührung gekommen waren. Aber wenn wir uns des Verdachts nicht erwehren können, dass wir in unserem Alltag selbst zu Akrobaten geworden sind – so, wie zu Musonius Rufus' Zeiten ein Fehltritt in der spannungsgeladenen Atmosphäre eines römischen Kaiserhofes den Tod bedeuten konnte –, dann lohnt es sich vielleicht, sich seine Worte zu Gemüte zu führen und über sie nachzudenken, denn es geht um nichts Geringeres als um Glück.

Musonius Rufus wurde um das Jahr 30 n. Chr. in Volsinii, dem heutigen Bolsena in Italien, in eine Familie hineingeboren, die zum Ritterstand gehörte. Er unterrichtete oder beeinflusste viele hochrangige Römer seiner Zeit wie beispielsweise den Stoiker Epiktet und den Redner Dion Chrysostomos. Sogar der Christ Origenes bescheinigt in seiner Schrift *Contra Celsum* Musonius Rufus ein hohes Ansehen. Als Vertreter derjenigen, die das beste Leben geführt haben, nennt Origenes Herakles, Odysseus, Sokrates und »unter denen, die erst vor Kurzem gelebt haben«, Musonius Rufus. In einem Atemzug mit Sokrates genannt zu werden, war in der Antike das höchste Lob, das man sich verdienen konnte. Man schätzte die Philosophen nicht nur wegen ihrer Ansichten, sondern auch und vor allem wegen des vorbildlichen Lebens, das die Besten von ihnen führten. Es ist bezeichnend, dass Musonius Rufus in einer Reihe mit mythischen Helden wie Herakles und Odysseus genannt wird (die ihrerseits von den Philosophen, insbesondere den Kynikern und Stoikern, oft als Vorbilder benutzt wurden).

Musonius Rufus scheint nur wenig Schriftliches hinterlassen zu haben, wenn überhaupt etwas. Die Quellen lassen sich grob in zwei Kategorien einteilen: Zum einen sind sie eine Reihe von (manchmal gekürzten) Vorlesungen – auch Lehrgespräche genannt–, die vermeintlich von einem gewissen Lucius aufgezeichnet wurden, zum anderen bestehen sie aus Fragmenten und Zitaten, die in den Werken anderer Autoren erhalten geblieben sind, von denen die Fragmente, die Epiktet zugeschrieben werden, besonders wertvoll sind, weil er ebenfalls zu den Stoikern zählt und Musonius Rufus einer seiner Lehrer war. Da die Zugehörigkeit zu den Stoikern in dieser Zeit bestimmte Verhaltensweisen voraussetzte, sind auch die biografischen Anekdoten über Musonius Rufus von Bedeutung. Diese Erzählungen sollen seine Rolle als Philosoph widerspiegeln und sie helfen uns, zu verstehen, warum Musonius Rufus einen solchen Eindruck auf seine Zeitgenossen machte und weshalb er eine so bemerkenswerte Persönlichkeit war.

Musonius Rufus als Stoiker

Musonius Rufus weist die gleichen wesentlichen Merkmale auf wie andere Stoiker der römischen Kaiserzeit, beispielsweise Seneca, Epiktet und Mark Aurel. Sie alle neigen dazu, die Bedeutung der eher formalen Aspekte der Philosophie herunterzuspielen und dafür die Ethik stärker zu betonen, genauer gesagt, den ethischen Aspekt des Handelns, der sich in allen Bereichen des Lebens zeigt. Diese Botschaft eines vorbildlichen *Verhaltens* und einer vorbildlichen *Einstellung* haben sie von Sokrates und den Kynikern übernommen, von Letzteren jedoch in einer weich gespülten und vielleicht weniger unterhaltsamen Version. So unterlassen sie es im Gegensatz zu den Kynikern, in der Öffentlichkeit zu urinieren, zu masturbieren oder zu kopulieren. Die späteren Stoiker schreiben außerdem Lehrern deutlich weniger Autorität zu. Das betrifft sowohl die Stoiker der früheren hellenistischen Ära (des antiken Griechenlands) als auch sie selbst. Stattdessen betonen sie die unverzichtbare moralische Verantwortung des Einzelnen. Das bloße Erlernen philosophischer Lehren und das Anhören von Vorträgen, so sagen sie, wird uns nichts nützen, wenn wir es nicht schaffen, die Lehren zu verinnerlichen und sie im Alltag anzuwenden.

Am stärksten ist diese stoische Ausrichtung auf den ethischen Aspekt des Handelns in den Ansichten zu finden, die Musonius Rufus zugeschrieben werden. Für ihn ist »Philosophie nichts anderes, als mithilfe der Vernunft zu ergründen, was richtig und angemessen ist, und es durch Taten in die Praxis umzusetzen« (siehe Kapitel »Ist die Ehe ein Hindernis für das Philosophieren?«).[1] Er führt diese Behauptung weiter aus, indem er die ideale Beziehung zwischen Lehrer und Schüler in ein landwirtschaftliches Umfeld setzt und die Landwirtschaft oder das Schafehüten als beste Lebensweise für einen Philosophen empfiehlt, der wie jeder andere auch mit seinen eigenen Händen arbeiten sollte.[2] Wenn neben der Arbeit genügend Muße zum Studium und zur Diskussion bleibe, so Musonius, entstehe eine optimale Wechselwirkung, weil der Lehrer zugleich als Vorbild diene, indem er seine Prinzipien in die Tat umsetze und in seiner Art zu leben Tugendhaftigkeit beweise. Römische soziokulturelle Eliten liebäugelten gelegentlich mit dieser Version des einfachen Lebens und der pastoralen Idylle (nicht unähnlich den Wohlhabenden von heute, möchte man hinzufügen), aber Musonius Rufus empfiehlt nichts Geringeres, als ihren Lebensstil völlig umzukrempeln. Er unterstreicht die Bedeutung des Aneignens von Gewohnheiten und verordnet zwei Arten von Übungen, eine für die Seele allein, die andere für Seele und Körper zusammen.

Schon die Art und Weise, in der die Vorlesungen schriftlich aufgezeichnet wurden, spiegelt Musonius Rufus' Fokus auf die Praxis des philosophischen Lebens wider. Zudem scheint ihre Ausgestaltung, auch im Hinblick auf die Begrifflichkeiten, an Xenophons Berichte über Sokrates angelehnt zu sein. Viele der Lehrgespräche sind rund um ein einfaches Schema der vier Kardinaltugenden – Weisheit, Gerechtigkeit, Tapferkeit und Mäßigung – aufgebaut. Die Schilderungen sind von einer trügerischen Schlichtheit. Es wäre ein Fehler, aus dieser Art der Darstellung zu schließen, dass dies alles wäre, was Musonius Rufus' Lehre ausmacht.[3] Stellen Sie sich vor, wie begrenzt unser Verständnis von Sokrates wäre, wenn wir nur Xenophons Bericht hätten und nicht auch den von Platon! Die Gattung der Aussprüche, die Musonius Rufus zugeschrieben werden, lässt noch weniger Raum für Hinweise auf die philosophische Lehre. Wie bei Epiktet spiegeln die aufgezeichneten Vorlesungen nur einen Teil von Musonius Rufus' Lehrtätigkeit wider. Doch selbst innerhalb der literarischen Konventionen und Beschränkungen dieses Rahmens können wir eindeutig kurze Verweise auf die wichtigsten stoischen Lehren erkennen, auch wenn diese nicht mit allen Implikationen dargelegt werden. So erhalten wir zum Beispiel im ersten der Lehrgespräche einen Einblick in den Wert, den Musonius Rufus der Logik beimisst. In dieser Vorlesung empfiehlt er, dass Lehrer die logischen Beweise, die sie verwenden, an die Begabung des jeweiligen Schülers anpassen.

Er nennt einige Beispiele für Beweise, um das wahrhaft Gute vom scheinbar Guten und das wahrhaft Böse vom scheinbar Bösen zu unterscheiden. Diese führen sein Publikum gleich implizit zu dem Grundsatz, für den die Stoiker am berühmtesten (oder berüchtigtsten) gewesen sein mögen – nämlich, dass die Tugend in Form der vollkommenen Vernunft als das einzig Gute und das

Laster als das einzig Böse gilt und dass daher die meisten Dinge, für die sich die Menschen aufreiben, streng genommen nicht zum Guten zählen. Körperliches Wohlbefinden sei zwar im Großen und Ganzen besser als körperliche Beeinträchtigung, auch sei Nahrung dem Hungertod vorzuziehen, aber wenn die Umstände es erforderten, dass wir zum Beispiel unser Leben für unsere Freunde oder unser Land opfern, dann sollten wir in der Lage sein, auf körperliche Selbsterhaltung und Nahrung zu verzichten.

Im Fragment 38 von Musonius Rufus geht es um die Unterscheidung zwischen dem, was »in unserer Macht liegt«, und dem, was »nicht in unserer Macht liegt«, zusammen mit der essenziellen Behauptung, dass nur unsere Urteile (die Art und Weise, wie wir unser logisches Denkvermögen anwenden) wirklich uns gehören. Dieselbe Unterscheidung liegt folgender Behauptung zugrunde: »Wir studieren die Philosophie doch nicht mit unseren Händen oder Füßen oder irgendeinem anderen Teil des Körpers, sondern mit der Seele und von dieser mit einem sehr kleinen Teil, den wir die Vernunft nennen können. Diesem hat Gott den sichersten Platz zugewiesen, damit er unsichtbar und unantastbar ist, frei von jedem äußeren Zwang, und sich nur seiner eigenen Kraft bedient« (siehe Kapitel »Muss man seinen Eltern unter allen Umständen gehorchen?«).

An diesem Punkt sind die Übungen in Logik, die Musonius Rufus empfiehlt, unverzichtbar: Wir sollten unsere Vernunft schulen, um zwischen dem scheinbar Guten und dem wahrhaft Guten, zwischen dem scheinbar Bösen und dem wahrhaft Bösen unterscheiden zu können. Das wahrhaft Gute – die vollkommene Vernunft – ist von Natur aus beständig, weil es nicht von äußeren Umständen beeinflusst wird, und es liegt in unserer Macht, weil wir die Kontrolle darüber besitzen, wie wir unser Denkvermögen einsetzen und unsere Urteile bilden. Unsere Begierden und Abneigungen sollten sich an diesen Erkenntnissen ausrichten. Dies ist das Ziel der Übungen für die Seele, die Musonius Rufus empfiehlt, und diesen Ansatz verfolgte nach ihm auch Epiktet. Stoiker wie Musonius Rufus und Epiktet vertreten die Ansicht, dass die Ursache unserer Sorgen nicht in den Dingen selbst und den Menschen, von denen wir umgeben sind, liegt, sondern in unseren eigenen Urteilen und in der Art und Weise, wie wir auf Herausforderungen reagieren.

Indem der Mensch sein Denk- und Urteilsvermögen perfektioniert, ahmt er das Göttliche nach.[4] Gemäß der stoischen Auffassung vom Göttlichen besitzt Gott – als das Naturgesetz, das für die Ordnung des gesamten Universums verantwortlich ist – die Tugenden, die der Mensch anstrebt. Der Zustand göttlicher Vollkommenheit äußert sich in der Fürsorge für das Universum und in der Wohltätigkeit und Liebe zu den Menschen, sodass diejenigen, die göttliche Vollkommenheit anstreben, auch diese Merkmale des Göttlichen nachahmen müssen – das heißt, ein göttliches Handeln, das nicht nur auf seine eigene Vollkommenheit ausgerichtet ist, sondern die Ordnung der gesamten Wirklichkeit zum Ziel hat. Für die Stoiker und Musonius Rufus sind die Menschen grundsätzlich Teil eines größeren Ganzen, das aus einer von der Vorsehung geordneten Welt besteht, und diese Ordnung schließt das Gefüge der sozialen Beziehungen ein.

In welcher Beziehung steht Musonius Rufus zu anderen Stoikern? Er war der Lehrer von Epiktet, und die Parallelen zwischen diesen beiden Stoikern beschränken sich nicht auf die Fälle, in denen Epiktet Musonius Rufus erwähnt. Musonius Rufus' Auffassung von der Ehe weist starke Ähnlichkeiten mit derjenigen der weniger bekannten Stoiker Antipatros von Tarsos (gestorben 130/129 v. Chr.)

und Hierokles (zweites Jahrhundert n. Chr.) auf, obwohl er Ersteren nicht nennt und Hierokles ihn nicht erwähnt. Seine Beziehung zu den Begründern des Stoizismus, Zenon, Kleanthes und Chrysipp, scheint schwach ausgeprägt zu sein. Aber angesichts der Einschränkungen, die mit unseren Quellen einhergehen, können wir aus der spärlichen Erwähnung von Musonius Rufus' Vorgängern keine allzu sicheren Schlussfolgerungen ziehen.

Von den frühen Stoikern scheint Kleanthes den größten Einfluss auf Musonius Rufus ausgeübt zu haben. Rufus' Vorstellung vom Menschen als Abbild Gottes geht mindestens bis zu Kleanthes' »Hymne an Zeus« zurück. Musonius Rufus erwähnt ihn namentlich in einer Anekdote, in der ein Junge aus Sparta Kleanthes fragt, ob schwere Arbeit nicht vielleicht doch ein hohes Gut sei. Seine Antwort lautet: »Nein, nicht die Arbeit als solche«, aber ein Mensch, der keine Angst davor habe, schwer zu arbeiten, sei dem tugendhaften Leben näher, vermutlich, weil er oder sie keine falsche Form der Bindung an materiellen Komfort entwickele. Kleanthes war für seine körperliche Ausdauer bekannt. Er soll ursprünglich ein Boxer gewesen sein, und während er bei Zenon studierte, verdiente er sich seinen Lebensunterhalt abends als Wasserträger. Selbst als er Zenon als Leiter der stoischen Schule abgelöst hatte, fuhr er damit fort, sich sein Auskommen durch körperliche Arbeit zu verdienen. Kleanthes könnte ein Vorbild für Musonius Rufus gewesen sein, und zwar sowohl in Bezug auf die Ansichten, die er vertrat – zum Beispiel über das Göttliche –, als auch in Bezug auf die Art, wie er lebte. Musonius Rufus bezieht sich auch zweimal auf Zenon, den ersten Stoiker.[5] Angesichts dessen, wie viel Wert Musonius Rufus auf die Ethik beim Handeln legt, überrascht es, so weit wir das beurteilen können, vielleicht nicht, dass er Chrysipp nicht erwähnt. In unserem heutigen Kontext wird Chrysipp oft als der bedeutendste

Stoiker angesehen, weil er als der scharfsinnigste gilt, aber diese Ansicht wurde in der Antike nicht von allen geteilt.

Über Frauen, Ehe und Geselligkeit

Musonius Rufus stach unter seinen Zeitgenossen in der Antike durch seine positive Einstellung zu Frauen und Ehe hervor und seine Erkenntnisse über die Geselligkeit der Menschen sind wohl sein wichtigster Beitrag. Er widerlegt die weitverbreitete Annahme, dass solche »fortschrittlichen« Ansichten erst ab der Moderne zu finden seien. In »Warum auch Frauen Philosophie studieren sollten« geht Musonius Rufus von der Prämisse aus, dass Tugend und das Gute bei Männern und Frauen das Gleiche sind. Beide »haben von den Göttern die Gabe der Vernunft erhalten«; sie haben die gleichen Sinne, die gleichen Körperteile, die gleiche »natürliche Neigung zur Tugend und die Fähigkeit, sie zu erwerben«. Ähnlich argumentiert er in »Sollten Töchter die gleiche Erziehung erhalten wie Söhne?«. (Der Punkt mit den Körperteilen beruht auf einem alten medizinischen Modell, das die Fortpflanzungsorgane von Frauen und Männern als im Wesentlichen vergleichbar ansieht – eine Behauptung, die für ein Publikum in der Post-Freud-Ära nicht leicht nachzuvollziehen ist.) Dann geht er die Tugenden der Weisheit, der Gerechtigkeit, der Tapferkeit und der Mäßigung einzeln durch und führt aus, dass Frauen diese genauso brauchen wie Männer.

Doch obwohl Musonius Rufus grundsätzlich annimmt, dass Männer und Frauen in Bezug auf die Tugend gleich sind, scheint er auf den ersten Blick eine schwache Form des »Essenzialismus« zu befürworten, wonach die Anwendung der Tugend bei Frauen anders geartet sei. Demnach sind Frauen mithilfe der Philosophie besser in der Lage, ihre traditionellen Rollen als Haushälterinnen, die mit den Händen arbeiten, als Ehefrauen, die »Helferinnen« ihrer Gatten sind, und als Mütter, die ihre Kinder stillen, zu erfüllen. Mit diesen Aussagen antwortet Musonius auf den möglichen Einwand, das Philosophiestudium würde Frauen arrogant und anmaßend werden lassen oder sie dazu bringen, sich vor ihren häuslichen Pflichten zu drücken. Solche Vorstellungen waren in der Antike weitverbreitet. Seneca zum Beispiel erwähnt, dass sein Vater das Studium seiner Mutter aus dieser Sorge heraus einschränkte.

Die Vorlesung, in der es um die Frage geht, ob Töchter die gleiche Erziehung erhalten sollten wie Söhne, rückt die Empfehlungen von Musonius Rufus jedoch in ein anderes Licht. Auch hier antwortet er auf die Frage eines imaginären Gesprächspartners, ob er Männer das Spinnen lernen und Frauen an gymnastischen Übungen teilnehmen lassen würde, dass die Aufgaben des täglichen Lebens in der Tat unterschiedlich auf Männer und Frauen verteilt sind, aber lediglich aufgrund der unterschiedlichen Körperkraft. Darüber hinaus ist Musonius Rufus sogar bereit, sich dafür auszusprechen, dass in manchen Fällen und unter bestimmten Umständen Männer die leichteren Arbeiten verrichten, die normalerweise den Frauen zugewiesen werden, und Frauen die schwereren Aufgaben übernehmen. »Denn alle menschlichen Aufgaben«, so soll er behauptet haben, »sind eine gemeinsame Verpflichtung und gelten für Männer und Frauen, und keine ist notwendigerweise nur für eines der beiden Geschlechter bestimmt, aber einige Beschäftigungen sind mehr für die Natur des einen, einige für die des anderen geeignet, und aus diesem Grund werden einige als Männerarbeit und andere als Frauenarbeit bezeichnet.« So führt Musonius Rufus an, dass Tapferkeit für Frauen ebenso erforderlich ist wie für Männer und dass Mäßigung und Selbstbeherrschung, auch in sexuellen Angelegenheiten, sich sowohl für Männer als auch für Frauen schickt, wobei er eine Doppelmoral strikt ablehnt.[6] Und wenn er sagt, dass Frauen »keine technischen Fertigkeiten und keinen Scharfsinn in Streitgesprächen« besitzen sollten, so gilt dies auch für Männer, da das Ziel der Philosophie für ihn darin besteht, ein Leben der Tugendhaftigkeit zu führen. Auch die Aufforderung, mit den eigenen Händen zu arbeiten, gilt sowohl für Männer als auch für Frauen.

Ebenso wie Sokrates geht Musonius Rufus von den gängigen Annahmen seiner Zuhörer aus, um diese dann auf den Kopf zu stellen. Wenn zum Beispiel Männer behaupten, dass sie den Frauen überlegen seien (dem er zustimmt, aber nur in Bezug auf ihre körperliche Stärke), dann würde man von ihnen doch sicherlich nicht weniger Selbstbeherrschung und Mäßigung in sexuellen Angelegenheiten erwarten als von Frauen. Wie würde ein Ehemann reagieren, fragt Musonius Rufus, wenn seine Frau ebenso mit einem der Haussklaven Geschlechtsverkehr hätte, wie er es sich herausnimmt? Empört, lautet die auf der Hand liegende Antwort. In ähnlicher Weise wandelt er die Ansicht um, dass ein Mann seinem Haushalt vorsteht und Autorität über seine Frau und Kinder besitzt, indem er diese Sichtweise mit der Herrschaft über Freunde und der Selbstbestimmung vergleicht.[7] Ein fortgeschrittener Schüler oder ein mit dem Stoizismus vertrauter Zuhörer dürfte erkennen, dass wir unsere Freunde in keiner Weise im traditionellen Sinne des Wortes »beherrschen«. Und da die Stoiker keine niederen, irrationalen Seelenteile zulassen und den Menschen als Einheit von Körper und Seele ansehen, können Frauen in dieser Verbindung aus Haushaltsführung und Selbstbestimmung nicht mit niederen Seelenteilen oder einem minderwertigen Körper gleichgesetzt werden, wie dies in vielen anderen Darstellungen aus der Antike der Fall ist.

Da er das Potenzial für Tugendhaftigkeit bei Frauen und Männern als gleich groß ansieht, denkt Musonius Rufus schließlich auch neu über die Dynamik der Ehe nach. Diesem Thema widmet er drei Vorlesungen, von denen zwei den Titel »Was ist der Hauptzweck der Ehe?« tragen und eine sich mit der Frage »Ist die Ehe ein Hindernis für das Philosophieren?« beschäftigt. Seiner Ansicht nach sollte die Ehe der Transaktion von Tugend dienen und nicht auf den üblichen Interessen bezüglich Schönheit, Reichtum oder Status beruhen. Zu dieser Sicht der Ehe gehört auch Musonius Rufus' strikte Ablehnung der Doppelmoral in der Sexualität.

Auf die Frage, ob die Ehe mit dem Philosophieren vereinbar sei, antwortet Musonius Rufus mit der uns aus der Antike bekannten Ansicht, dass die Ehe nicht nur mit den Bestrebungen eines Philosophen vereinbar sei, sondern dass sie auch ein Ausdruck des tugendhaften Lebens in seiner höchsten Ausprägung sein könne. Er weist darauf hin, wie nützlich die eheliche Beziehung mit den Kindern, die sie hervorbringt, ist – als Eckpfeiler der Familie, des Staates und sogar der gesamten Menschheit. Aber wie der Kontext deutlich macht, geht Musonius Rufus weit über die traditionelle Betonung der Fortpflanzung hinaus. Erstens betont er, dass die Geselligkeit des Menschen der Natur entspricht, und zwar der menschlichen Natur, insofern als »das Böse in Ungerechtigkeit und Grausamkeit und Gleichgültigkeit gegenüber der Not des Nächsten besteht, während die Tugend brüderliche Liebe und Güte und Gerechtigkeit und Wohltätigkeit und Sorge um das Wohl des Nächsten ist« (siehe Kapitel »Ist die Ehe ein Hindernis für das Philosophieren?«). Diese Sichtweise spiegelt die weithin bezeugte stoische Auffassung wider, dass aufgrund der privilegierten Verbindung zwischen göttlicher und menschlicher Vernunft in der sogenannten Stadt der Götter und Menschen (der Kosmopolis) Vernunft mit Geselligkeit einhergeht (aber nicht unbedingt umgekehrt, da auch viele Tiere soziales Verhalten zeigen). Diese Geselligkeit zeigt sich in einer Sorge um das Gemeinwohl, die auch engere Beziehungen umfasst. Insofern ist in diesen Darstellungen oft eine Polemik gegen Platons Ansichten in seinem Werk *Der Staat* enthalten, in dem dieser Familienbande als Hindernis für das Gemeinwohl darstellt. Diese beiden stoischen Behauptungen bilden gemeinsam die Grundlage für die Aufforderung an jede weise beziehungsweise vernünftige Person, zu heiraten und am öffentlichen Leben ihrer Gemeinschaft teilzunehmen, es sei denn, es gibt gute Gründe, dies nicht zu tun. Von den uns bekannten Stoikern stellt Musonius Rufus den positiven Wert der Ehe am stärksten heraus, aber er stützt sich dabei auf grundlegende Annahmen der stoischen Tradition.

Es ist auffallend, wie sehr Musonius Rufus das gegenseitige Teilen und die emotionale Dimension innerhalb der ehelichen Beziehung betont. Er sagt, dass die Bindung zwischen den Eheleuten die aller anderen Beziehungen übertrifft, selbst die zwischen Freunden. (Dabei galt die Freundschaft unter Männern im philosophischen und soziokulturellen Kontext zu Zeiten von Musonius Rufus gemeinhin als die wertvollste Beziehung.) Den Eheleuten gehört alles gemeinsam, »Leib, Seele und aller Besitz« (siehe Kapitel »Ist die Ehe ein Hindernis für das Philosophieren?«), und die eheliche Beziehung wird von den Göttern Hera, Eros und Aphrodite beschützt. Demnach beruht die eheliche Beziehung nicht nur auf dem Wunsch oder dem Bedürfnis nach Nachkommenschaft. Kinder können auch aus der sexuellen Vereinigung außerhalb der Ehe hervorgehen, und die Zeugung von Kindern ist keine hinreichende Bedingung, sondern »in der Ehe muss vor allem vollkommene Zuneigung und gegenseitige Liebe zwischen Mann und Frau herrschen« (siehe Kapitel »Was ist der Hauptzweck der Ehe?«). So viel zum Stereotyp des gefühlskalten und strengen Stoikers.

Das deutlichste Beispiel dafür, wie Musonius Rufus Sokrates und die Kyniker für seine Zwecke vereinnahmt, findet sich in seiner Abhandlung zu Ehe und Philosophie. Musonius Rufus beginnt mit der Frage, wie die Ehe ein Hindernis für die Philosophie sein könne, schließlich hätten die bedeutendsten Philosophen wie Sokrates und der Kyniker Krates (ebenso wie Pythagoras) Ehefrauen gehabt. Der Witz mag uns entgangen sein, aber Musonius Rufus dürfte mit Sicherheit die Neugier der gelehrteren Mitglieder seines Publikums geweckt und sie auf einen neuen Gesichtspunkt aufmerksam gemacht haben. »Sokrates?!« »Krates?!«

Die meisten Anekdoten über die Ehe von Sokrates, die uns aus der Antike bekannt sind, schildern seine Ehe als turbulent und seine Gattin als Hausdrachen, die kein Verständnis für seine Ziele hatte. Es wäre auch ungewöhnlich gewesen, die unkonventionelle und schillernde Beziehung zwischen Krates und Hipparchia unter den Begriff der Ehe zu fassen, zumindest einer Ehe, wie man sie damals gemeinhin definierte, nämlich dass sie in einem Hausstand verankert war, zu dem Sklaven, Kinder und manchmal auch andere Familienmitglieder sowie ein zu verwaltender Besitz gehörten.

Wie wichtig es für Musonius Rufus war, die soziale Dimension der Philosophie in die Praxis umzusetzen, zeigt sich auch in anderen Vorlesungen. Musonius plädiert für das Kinderkriegen (und gegen die Praktiken der Empfängnisverhütung, der Abtreibung und der Kindesaussetzung), was vor dem kulturellen Hintergrund der zunehmenden Kinderlosigkeit in elitären römischen Kreisen zu verstehen ist, auf die Augustus einen Teil seiner Gesetzgebung ausgerichtet hatte. Ein weiteres Beispiel, für das sich auch an anderer Stelle Belege finden lassen, ist Rufus' Empfehlung an Könige, sich mit der Philosophie zu beschäftigen. Ein König sollte nicht nur Philosophie studieren, sondern sie auch anwenden, indem er sich in Selbstbeherrschung übt und seine Macht für das Gemeinwohl einsetzt. Die Philosophie ermöglicht es allen Menschen, vom einfachen Bauern bis zum König, ihre sozialen Pflichten zu erfüllen.

In einer Vorlesung, die sich mit der althergebrachten Frage befasst, ob wir unseren Eltern immer gehorchen sollten, führt Musonius Rufus den heiklen Fall eines Sohnes an, der gegen den Willen seines Vaters Philosophie studieren will. Er greift nicht auf die in anderen philosophischen Darstellungen zu findende Unterscheidung zwischen dem biologischen Elternteil des Körpers und dem Lehrer, der sich um die Seele kümmert, zurück, die natürlich die Frage der Autorität zugunsten des Lehrers entscheiden würde. Musonius Rufus stellt die Vater-Sohn-Beziehung als solche nicht infrage und schaltet sich auch nicht als alternative Autoritätsperson ein. Stattdessen präsentiert er ein kompliziertes Vermittlungsprotokoll. Wenn ein Sohn ein Gebot seines Vaters, das ihn dazu veranlassen würde, etwas Böses zu tun oder Gutes zu unterlassen, missachtet, so ist dies laut Musonius Rufus keine Form des Ungehorsams, da ein Elternteil grundsätzlich immer das Beste für sein Kind im Sinn habe. Ein Sohn sollte versuchen, seinen Vater davon zu überzeugen, dass die Philosophie tatsächlich die Absichten des Vaters für sein Kind erfüllt, indem sie den Sohn dazu bringt, nach dem *wahrhaft* Guten zu streben, und dass der Sohn dadurch, dass er zu einem besseren Menschen wird, auch zu einem besseren Sohn wird. Wenn all diese Versuche fehlschlagen, so rangiert laut Rufus die Autorität von Zeus (nicht die eines Lehrers) als »gemeinsamer Vater aller Menschen und Götter« vor der eines Elternteils, und daher würde Zeus' Gebot, ein guter Mensch zu sein, das eines fehlgeleiteten Elternteils überwiegen.

Doch selbst wenn der Vater seinen Sohn einsperren würde, könnte er ihn unter diesen Umständen nicht daran hindern, nach den Lehren der stoischen Philosophie zu leben, da der freie Gebrauch seiner Vernunft nicht beeinträchtigt würde – da es sich dabei um das Einzige handelt, das vollständig der Kontrolle des Menschen untersteht, also in seiner Macht liegt.

Musonius Rufus in Aktion

Wie bereits erwähnt, ist es für Musonius Rufus wichtig, die Lehre der Philosophie im Alltag praktisch anzuwenden. Daraus erklärt sich eine Besonderheit vieler seiner Vorlesungen, die wir deren situativen Ansatz nennen könnten. Die Vorlesung »Warum auch Könige Philosophie studieren sollten« richtet sich beispielsweise an einen syrischen König. In einer anderen Vorlesung, »Warum Verbannung kein Übel ist«, spricht Musonius Rufus so, als würde er sich als Exilant an einen anderen Exilanten wenden. Durch seine Verbindungen zu römischen Senatoren betrafen auch ihn die Auswirkungen der Pisonischen Verschwörung gegen Nero im Jahr 65. Er wurde auf die Insel Gyaros verbannt, die zum Inbegriff eines besonders trostlosen Verbannungsortes wurde und auf der er gelehrt zu haben scheint. Als Vespasian im Jahre 71 die Philosophen aus Rom verbannte, blieb Rufus davon verschont. Es existieren jedoch Berichte von einer weiteren Verbannung, die von Titus aufgehoben wurde. Der Rahmen, in den Rufus seine Ausführungen über die Verbannung setzt, und seine Ansprache an den syrischen König lassen einen vielleicht fiktiven Beobachter dieser Situationen vermuten.

Die Vorlesung über die Verbannung ist auch deshalb so wertvoll, weil sie uns zeigt, dass die Stoiker dieser Zeit sich keine große

Autorität anmaßten, im Gegenteil. Zwar ist Musonius Rufus seinem Gesprächspartner, der sein Schicksal beklagt, eindeutig überlegen, aber Rufus stellt die Überlegungen so dar, als hätten sie auch seine *eigene* Haltung geleitet. Er richtet sie üblicherweise an sich selbst, und so begegnet er seinem Gesprächspartner als jemand, der weiß, was es heißt, mit einem solchen Los zu kämpfen, oder als jemand, der sich ebenfalls solchen Herausforderungen gegenübersieht. Darüber hinaus legt dieser Ansatz nahe, dass der andere sich diese Überlegungen zu eigen machen muss, um seine Notlage zu überwinden, während Rufus seinerseits sich selbst an die richtige Perspektive erinnern muss: dass die Verbannung eigentlich kein Übel ist und dass es möglich ist, auch unter diesen Umständen im Sinne der Philosophie ein gutes Leben zu führen.

Die »situativen« Vorlesungen ähneln den Anekdoten, die über Musonius Rufus' Verhalten und seine Entscheidungen aufgezeichnet wurden. Der Hauptunterschied zwischen den beiden Arten von Berichten besteht darin, dass Rufus in den Anekdoten und Aussprüchen keine philosophischen Begründungen liefert. Die Anekdoten sollen veranschaulichen, wie er den Stoizismus auslebte, und es ist sogar möglich, dass einige der Vorlesungen ursprünglich auf Anekdoten beruhten, die im Umlauf waren. Eine heute nicht mehr erhaltene Anekdote könnte zum Beispiel davon handeln, dass er einst einen syrischen König in der gleichen Weise belehrte, wie er mit seinen Schülern sprach, und jemand könnte diesen Austausch anhand dessen, was über Musonius Rufus' Lehren bekannt war, nachgestellt haben. Auch wenn wir solche biografischen Anekdoten nicht für bare Münze nehmen können, geben sie doch wieder, wie Musonius Rufus von seinen Zeitgenossen als Philosoph wahrgenommen wurde.

In der Vorlesung über die Verbannung wird unter anderem argumentiert, dass man, wo auch immer man sich befindet, stets ein Mitglied der Gemeinschaft der Götter und Menschen bleibt (die Kurzformel für den stoischen Begriff der Kosmopolis). Die an anderer Stelle aufgezeichneten Anekdoten veranschaulichen diese Haltung und zeigen, dass Musonius Rufus seine Verbannung nicht aus Hass auf sein Vaterland akzeptierte (vermutlich, weil eine solche Haltung nicht mit der stoischen Weltanschauung vereinbar wäre), sondern aufgrund seiner Philosophie. Gyaros, wohin ihn mindestens eine seiner Verbannungen geführt hatte, soll sehr trocken und unwirtlich gewesen sein. Aber selbst in dieser Umgebung, so die Anekdoten, gelang es Musonius Rufus, zu lehren, und er entdeckte sogar eine Quelle, wovon die dortige Bevölkerung immens profitierte. Jeder, der weiß, was es heißt, in einer (halb-) trockenen Gegend zu leben, kann bestätigen, welchen Unterschied eine Wasserquelle macht. Musonius Rufus wurde also als jemand dargestellt, der selbst praktizierte, was er predigte. Eine andere Anekdote berichtet uns, dass er seinen eigenen Heiratsempfehlungen folgte und den Ausländer und Philosophen Artemidoros als geeigneten Ehemann für seine Tochter auswählte, weil dieser für seine Tugendhaftigkeit, seinen einfachen Lebensstil und seine Beständigkeit bekannt war.

Wie bei Sokrates beschränkte sich auch Musonius Rufus' Tätigkeit als Philosoph nicht auf den schulischen Bereich. Doch als er die öffentliche Bühne betrat, stellte er wie Sokrates die Konventionen darüber infrage, was es bedeutete, eine öffentliche Person mit dem kulturellen Status und dem sozialen Kapital zu sein, die eine solche Rolle mit sich brachte. In dieser Hinsicht könnte der Kontrast zwischen Musonius Rufus und seinem einstigen Schüler Dion Chrysostomos (auch Dion von Prusa) nicht größer sein. Über beide sind ähnliche Anekdoten darüber überliefert, wie sie sich an aufgebrachte Streitmächte wandten, die den grundlegenden Unterschied in ihren Herangehensweisen verdeutlichen. Tacitus zufolge wirkte Musonius Rufus ziemlich unbeholfen, als er versuchte, eine Gruppe von Soldaten von den Vorteilen des Friedens gegenüber dem Krieg zu überzeugen. Schließlich musste er davon absehen, seine schlecht getimten Weisheiten von sich zu geben, um zu verhindern, dass er vom Mob überrollt wurde. Im Gegensatz dazu setzte sich Dion Chrysostomos laut Philostratos groß in Szene. Er hielt eine Rede wie ein Zauberer und schaffte es, eine meuternde Armee davon zu überzeugen, sich mit Rom zu verbünden. Und wie die erhaltenen Reden von Dion Chrysostomos belegen, zögerte er nicht, sich als einflussreiche Persönlichkeit mit dem nötigen kulturellen Status und den entsprechenden Insignien darzustellen. Im Kontrast zwischen diesen Darstellungen von Musonius Rufus und Dion Chrysostomos zeigt sich ein kulturelles Dilemma. Rufus strebt ein höheres Ziel an, eine Form des Pazifismus, doch indem er die Konventionen von Macht und Status ablehnt, setzt er Leib und Leben aufs Spiel und scheitert. Dion Chrysostomos ist erfolgreich, aber mit dem bescheideneren Ziel, ein politisches Gleichgewicht zu schaffen oder aufrechtzuerhalten, und um seine Ziele zu erreichen, nimmt er die traditionellen Statussymbole an, die mit der Stellung einer einflussreichen Person einhergehen. Welche Option würden wir wählen?

Während ein anderer Schüler von Musonius Rufus, der Stoiker Euphrates, in seinen öffentlichen Reden durch sein elegantes Auftreten und seine Wortgewandtheit auffiel und deshalb große Begeisterung hervorrief, soll Musonius Rufus eine solche Form der Anerkennung abgelehnt haben. Er meinte stattdessen, die angemessene Reaktion auf einen wahrhaft philosophischen Vortrag sei das Schweigen, weil das Thema so ernst sei und wir uns des beklagenswerten Zustands, in dem wir uns befinden, bewusst seien. Diese Anekdote mag recht hart klingen, doch es gibt ein Gegengewicht zu ihrem Tenor: die Scharfsinnigkeit von Musonius Rufus gepaart mit Humor und die optimistischere Note über die Möglichkeiten der Menschen – Frauen und Männer gleichermaßen –, ein bedeutsames Leben zu führen.

Anmerkungen

1 Vergleichen Sie das Kapitel »Sollten Töchter die gleiche Erziehung erhalten wie Söhne?« über die Philosophie als Kunst, ein guter Mensch zu werden.
2 Siehe Kapitel »Wie der Philosoph seinen Lebensunterhalt erwerben sollte«.
3 Zu diesem Punkt siehe auch Lutz, *Musonius Rufus*, 24.
4 Siehe »Was ist die beste Wegzehrung für das Alter?« und Epiktet, *Unterredungen* 2.14.11–13.
5 In »Was ist der Hauptzweck der Ehe?« und »Über den Haarschnitt«.
6 Siehe auch »Über das Sexualleben«.
7 Siehe »Warum auch Könige Philosophie studieren sollten«.

Die Kunst, trotz Mühsal gut zu leben

1.

Warum es nicht nötig ist, viele Belege für ein Problem zu liefern

Als sich die Diskussion einmal den Belegen oder Beweisen zuwandte, wie sie jeder Anfänger auf dem Gebiet der Philosophie von seinen Lehrern erlernen muss, um Schlussfolgerungen untermauern und sein Fachgebiet beherrschen zu können, erklärte Musonius Rufus, dass es nicht sinnvoll sei, viele Belege für jeden einzelnen Punkt heranzuziehen, sondern nur klare und überzeugende. So wie der Arzt, der seinen Patienten viele Medikamente verschreibt, weniger Anerkennung verdient als derjenige, dem es gelingt, ihnen mit wenigen zu helfen, so ist der Philosoph, der seine Schüler anhand vieler Belege unterrichtet, nicht so effektiv wie derjenige, der sie mit wenigen zum gewünschten Ziel führt. Und je schneller der Verstand eines Schülers arbeitet, desto weniger Belege wird auch er verlangen und desto eher wird er der Schlussfolgerung der betreffenden Erörterung zustimmen, sofern sie stichhaltig ist. Wer aber an jeder Stelle Belege verlangt, auch wenn die Sache völlig klar ist, oder fordert, dass etwas ausführlich dargelegt wird, was auch kurz erklärt werden könnte, ist absolut unfähig und dumm.

Wir dürfen annehmen, dass die Götter keinerlei Belege benötigen, weil ihnen nichts unklar oder unbekannt ist, und es nur bei Unklarheit ein Bedürfnis nach einem Beweis gibt. Der Mensch hingegen muss versuchen, das, was nicht klar und selbstverständlich ist, mithilfe des Klaren und Offensichtlichen herauszufinden.

Das ist die Aufgabe des Beleges. Nehmen wir zum Beispiel die Behauptung, dass das Vergnügen nicht zu den guten Dingen zählt. Auf den ersten Blick erkennen wir sie nicht als wahr an, da uns das Vergnügen tatsächlich als etwas Gutes erscheint. Aber wenn wir von der allgemein akzeptierten Prämisse ausgehen, dass alles Gute wünschenswert ist, und ihr eine zweite, ebenso akzeptierte hinzufügen, dass einige Vergnügungen nicht wünschenswert sind, gelingt es uns, zu beweisen, dass Vergnügen nichts Gutes ist: Das heißt, wir beweisen das Unbekannte oder Unerkannte mithilfe des Bekannten oder Anerkannten.

Oder noch ein weiteres Beispiel: Dass harte Arbeit kein Übel ist, ist auf den ersten Blick keine überzeugende These, während das Gegenteil, nämlich dass Arbeit ein Übel ist, viel überzeugender erscheint. Aber ausgehend von der bekannten und akzeptierten Prämisse, dass jedes Übel vermieden werden sollte, und unter Hinzunahme einer weiteren offensichtlichen Prämisse, nämlich dass viele Formen der Arbeit nicht in die Kategorie der zu vermeidenden Dinge fallen, kommen wir zu dem Schluss, dass die Arbeit kein Übel ist. Dies ist also die Natur des Beweises. Wenn man nun bedenkt, dass einige Menschen geistig schneller und andere dümmer sind, dass einige in einer besseren, andere in einer schlechteren Umgebung aufgewachsen sind, werden diejenigen der letzteren Kategorie, die einen schlechteren Charakter und eine schlechtere angeborene Veranlagung haben, mehr Belege und eine größere Aufmerksamkeit benötigen, um dahin zu gelangen, die fraglichen Lehren zu beherrschen und durch sie geformt zu werden. Ebenso wie eine mangelhafte körperliche Konstitution eine sehr sorgfältige und langwierige Behandlung erfordert, wenn das Ziel die Wiederherstellung der vollkommenen Gesundheit ist.

Andererseits werden solche Schüler, die von erlesenerer Natur sind und eine bessere Ausbildung genossen haben, leichter und schneller – und mit weniger Belegen – einer vernünftigen Argumentation zustimmen und sie in die Praxis umsetzen. Dass dies zutrifft, kann man leicht erkennen, wenn man zufällig zwei Knaben oder junge Männer kennt, von denen der eine im Luxus aufgewachsen ist, nun einen verweichlichten Körper und einen durch ein komfortables Leben geschwächten Geist besitzt und außerdem zu Trägheit und Antriebslosigkeit neigt, während der andere eher spartanisch erzogen wurde, keinen Luxus gewöhnt, in Selbstbeherrschung geübt und bereit ist, auf vernünftige Überlegungen zu hören. Wenn wir uns nun diese beiden jungen Männer als Schüler eines Philosophen vorstellen, der behauptet, dass Tod, Arbeit, Armut und dergleichen keine Übel sind, oder der behauptet, dass Leben, Vergnügen, Reichtum und dergleichen nichts Gutes sind, glaubt ihr, dass beide seinen Erörterungen in gleicher Weise Gehör schenken werden und dass der eine in gleichem Maße davon überzeugt sein wird wie der andere?

Weit gefehlt. Der eine wird zögernd und langsam, durch tausend Argumente von seinen festen Ansichten losgeeist, am Ende vielleicht ein Zeichen der Zustimmung geben – ich meine natürlich den Dummkopf. Der andere wird das Argument schnell und bereitwillig als stichhaltig und relevant für sich selbst akzeptieren und wird weder viele Belege noch eine ausführlichere Darstellung benötigen. War nicht gerade ein solcher Bursche der spartanische Junge, der den Philosophen Kleanthes fragte, ob die Arbeit nicht etwas Gutes sei? Er hat erkennen lassen, dass er von seiner Natur und Erziehung her so gut für die Ausübung der Tugend geschaffen war, dass er die Arbeit eher für etwas Gutes als für ein Übel hielt, indem er fragte, ob die Arbeit nicht vielleicht etwas Gutes sei, als läge es auf der Hand, dass sie kein Übel sei. Daraufhin erwiderte Kleanthes überrascht und voller Bewunderung für den Jungen: »Du bist von edlem Blut, liebes Kind, so edel wie die Worte sind, die du sprichst.« Könnt ihr daran zweifeln, dass ein solcher Knabe leicht davon zu überzeugen gewesen wäre, weder Armut noch Tod noch irgendetwas Schreckliches zu fürchten und auch nicht nach Reichtum, dem Leben oder Vergnügungen zu streben?

Um auf den Ausgangspunkt meiner Erörterung zurückzukommen, wiederhole ich, dass der Lehrer, wenn er ein wahrer Philosoph ist, schlecht daran tut, seinen Schülern eine Vielzahl von Argumenten und Belegen vorzutragen. Er sollte vielmehr die richtige Dosierung anwenden und versuchen, bis zum Verstand seines Zuhörers vorzudringen, indem er überzeugende Argumente und solche, die nicht leicht widerlegt werden können, vorbringt. Vor allem aber sollte seine Methode darin bestehen, sich nicht nur als jemand zu präsentieren, der mit Worten hilfreiche Tipps gibt, sondern auch als jemand, der sein eigenes Handeln konsequent an ihnen ausrichtet. Was den Schüler betrifft, so ist es seine Pflicht, eifrig darauf zu achten, was gesagt wird, und sich davor zu hüten, unwissentlich etwas Falsches anzunehmen. Aber bei dem, was er als Wahrheit akzeptiert, sollte er seine Bemühungen nicht darauf richten, eine Vielzahl von Belegen zu lernen – ganz und gar nicht –, sondern nur solche, die einfach und klar sind. Und schließlich muss er die Grundsätze, von deren Wahrhaftigkeit er überzeugt ist, in seinem täglichen Leben befolgen. Denn nur indem man der tadellosen Lehre ein Verhalten folgen lässt, das mit ihr im Einklang steht, wird die Philosophie von Nutzen sein.

2.

Warum der Mensch mit einer Neigung zur Tugend geboren wird

Wir alle sind von Natur aus so veranlagt, dass wir ein makelloses und tugendhaftes Leben führen können. Es ist also nicht so, dass einer es kann und ein anderer nicht, sondern alle sind dazu befähigt. Der deutlichste Beleg dafür ist die Tatsache, dass die Gesetzgeber für alle gleichermaßen festlegen, was sie tun dürfen, und verbieten, was sie nicht tun dürfen, und niemanden, der die Gesetze nicht befolgt oder der Unrecht tut, von der Strafe ausnehmen, weder die Jungen noch die Alten, weder die Starken noch die Schwachen – niemanden, wer er auch sei. Das wäre jedoch der Fall, wenn die Gesamtheit der Tugenden etwas Äußeres wäre, das wir erst erwerben müssten, und wenn wir nicht schon von Geburt an einen Anteil daran besäßen. So wie man in den anderen Künsten von niemandem, der sie nicht gelernt hat, erwarten würde, dass er vollkommen ist, würde man auch in der Lebenskunst von niemandem, der die Tugend nicht gelernt hat, erwarten, dass er vollkommen ist, da doch die Tugend im täglichen Leben das Einzige ist, das uns vor Fehlern und Irrtümern bewahrt. Nun verlangen wir bei der Behandlung von Kranken nur vom Arzt, beim Umgang mit der Leier nur vom Musiker und bei der Steuerung eines Schiffes nur vom Steuermann, ein Experte zu sein, aber bei der Lebensführung erwarten wir nicht mehr nur vom Philosophen, dass er frei von Irrtum ist, obwohl nur er mit dem Studium der Tugend befasst zu sein scheint, sondern von allen

Menschen ohne Unterschied, auch von denen, die sich nie mit der Tugend befasst haben. Es gibt also keine andere Erklärung dafür als die, dass der Mensch mit einer Neigung zur Tugend geboren wird. Und auch das ist in der Tat ein starker Beweis für das Vorhandensein des Guten in unserer Natur, dass alle von sich selbst sagen, sie besäßen Tugend und seien gut.

Nehmen wir einmal einen ganz gewöhnlichen Menschen als Beispiel: Wenn man ihn fragt, ob er dumm oder klug ist, wird er nicht zugeben, dass er dumm ist; oder wenn man ihn fragt, ob er gerecht oder ungerecht ist, wird er nicht antworten, dass er ungerecht ist. Ebenso wird er, wenn man ihn fragt, ob er Maß hält oder ausschweifend ist, sofort antworten, dass er sich beherrschen kann; und schließlich, wenn man ihn fragt, ob er gut oder schlecht ist, wird er sagen, dass er gut ist, obwohl er niemanden als seinen Lehrer der Tugend angeben und nicht sagen kann, jemals ein Studium oder eine Übung in Tugend absolviert zu haben. Was also beweist dies, wenn nicht die angeborene Neigung der menschlichen Seele zum Guten und dass jedem von uns der Keim der Tugend innewohnt? Und weil es zu unserem Vorteil ist, gut zu sein, bilden sich einige von uns ein, es bereits tatsächlich zu sein, während andere sich schämen, zuzugeben, dass sie es nicht sind. Warum, Himmel noch mal, behauptet denn niemand, lesen und schreiben zu können oder etwas von Musik oder Sport zu verstehen, der diese Künste nicht erlernt hat, und gibt auch nicht vor, sie zu beherrschen, wenn er nicht einmal einen Lehrer nennen kann, bei dem er sie erlernt hat? Und warum, sage ich, behauptet dann jeder, Tugend zu besitzen? Das liegt daran, dass keine dieser anderen Fähigkeiten in der Natur des Menschen liegt und ihm angeboren ist, während die Neigung zur Tugend jedem von uns angeboren ist.

3.

Warum auch Frauen Philosophie studieren sollten

Als ihn jemand fragte, ob auch Frauen Philosophie studieren sollten, fing er an, in etwa folgendermaßen zu erläutern, dass sie es tun sollten: Frauen wie Männer, so sagte er, haben von den Göttern die Gabe der Vernunft erhalten, die wir im Umgang miteinander benutzen und mit der wir beurteilen, ob eine Sache gut oder schlecht, richtig oder falsch ist. Ebenso besitzt die Frau dieselben Sinne wie der Mann, nämlich Sehen, Hören, Riechen und die anderen. Auch haben beide Geschlechter die gleichen Körperteile, das eine hat nicht mehr als das andere. Außerdem haben nicht nur die Männer, sondern auch die Frauen eine natürliche Neigung zur Tugend und die Fähigkeit, sie zu erwerben; und es liegt nicht weniger in der Natur der Frauen als in der der Männer, sich an guten und gerechten Taten zu erfreuen und das Gegenteil davon abzulehnen. Wenn all das zutrifft, mit welcher Begründung wäre es dann für Männer angemessen, zu erforschen und zu überlegen, wie sie ein gutes Leben führen können, was ja gerade das Studium der Philosophie ist, aber für Frauen unangemessen? Soll es etwa für Männer angemessen sein, gut zu sein, aber nicht für Frauen?

Betrachten wir im Einzelnen die Eigenschaften, die für eine Frau, die ein gutes Leben führen will, geeignet sind. Es wird sich zeigen, dass sie jede einzelne dieser Eigenschaften am ehesten aus dem Studium der Philosophie erwerben würde. In erster Linie muss eine Frau eine gute Haushälterin sein, das heißt, sie muss auszuwählen wissen, was dem Wohl ihres Hauses zugutekommt, und fähig sein, die Haussklaven zu leiten. Ich behaupte, dass gerade diese Eigenschaften bei einer Frau, die sich der Philosophie widmet, besonders ausgeprägt sind, denn natürlich ist jede dieser Eigenschaften ein Teil des Lebens und Philosophie ist nichts anderes als die Wissenschaft vom Leben und der Philosoph ist, wie Sokrates mit einem Zitat von Homer sagte, ständig genau damit beschäftigt, zu untersuchen, »was auch immer an Gutem und Schlechtem im Hause geschieht«. Vor allem aber muss eine Frau keusch und selbstbeherrscht sein. Sie muss, so meine ich, frei sein von unerlaubten Liebesbeziehungen, Zurückhaltung üben in anderen Vergnügungen, sie darf keine Sklavin irgendwelcher Begierden sein, nicht streitsüchtig, nicht verschwenderisch mit Geld umgehen und sich nicht extravagant kleiden. Das sind die Tugenden einer Frau und ich füge noch diese hinzu: Sie muss ihr Temperament beherrschen können, darf sich nicht von Kummer überwältigen lassen und muss jeder Art von unbeherrschtem Gefühl überlegen sein. All das vermitteln die Lehren der Philosophie, und wer sie gelernt hat und anwendet, scheint mir ein anständiger Mensch zu sein, egal ob Mann oder Frau.

So viel also zur Selbstbeherrschung. Was die Gerechtigkeit betrifft: Wäre eine Frau, die Philosophie studiert, nicht gerecht, wäre sie nicht eine tadellose Lebensgefährtin, wäre sie nicht eine mitfühlende Helferin, würde sie sich nicht unermüdlich um das Wohlergehen von Mann und Kindern kümmern und wäre sie nicht völlig frei von Habgier und Hochmut? Und wer wäre eher als die philosophisch gebildete Frau – und das ist sie gewiss, wenn sie sich die Philosophie wirklich angeeignet hat – geneigt, es als schlimmer zu erachten, Unrecht zu tun, als eines zu erleiden (für sehr viel schlimmer, weil es niederträchtiger ist), und lieber nachzugeben, als sich einen ungerechten Vorteil zu verschaffen? Und wer wäre wohl besser darin, die eigenen Kinder mehr zu lieben als das eigene Leben? Welche andere Frau wäre gerechter? Was nun die Tapferkeit betrifft, so ist zu erwarten, dass eine gebildete Frau tapferer ist als eine ungebildete und eine, die Philosophie studiert hat, tapferer ist als eine, die es nicht getan hat. Da sie weder den Tod fürchtet noch die Mühsal scheut, wird sie sich nichts Schändliches gefallen lassen und sich auch von niemandem einschüchtern lassen, selbst nicht von jemandem, der von edler Geburt, mächtig oder wohlhabend ist – nein, auch nicht, wenn er ein Tyrann ist. Denn sie hat sich darin geübt, hochgesinnt zu sein, den Tod nicht als Übel und das Leben nicht als Gutes anzusehen. Ebenso ist sie es gewohnt, keine Mühsal zu scheuen und sich keinen Augenblick nach Bequemlichkeit und Müßiggang zu sehnen. Somit ist eine solche Frau wahrscheinlich bereit, selbst mit anzufassen, Schmerzen zu ertragen, ihre Kinder an ihrer eigenen Brust zu nähren, ihrem Mann mit ihren eigenen Händen zu dienen und Dinge zu tun, die manche für Sklavenarbeit halten würden. Wäre eine solche Frau nicht eine große Hilfe für den Mann, der sie heiratet, eine Zierde für ihre Verwandten und ein gutes Beispiel für alle, die sie kennen?

»Ja, aber ich versichere Ihnen«, werden manche sagen, »dass Frauen, die sich in die Gesellschaft von Philosophen begeben, meist zwangsläufig selbstgefällig und anmaßend werden. Schließlich lassen sie ihren eigenen Haushalt im Stich, um sich unter Männern darin zu üben, Reden zu halten, geistreich zu argumentieren und Trugschlüsse zu entlarven, während sie eigentlich zu Hause sitzen und spinnen sollten.« Dem erwidere ich, dass die Frauen, die Philosophie studieren, ebenso wenig wie die Männer ihre Aufgaben vernachlässigen sollten, um nur noch zu studieren, sondern dass das Ziel der philosophischen Diskussionen die praktische Anwendung ihrer Ergebnisse sein sollte. Denn so, wie das Medizinstudium keinen Wert hat, wenn es nicht zur Heilung des Körpers beiträgt, so nützt es nichts, wenn ein Philosoph Vernunft hat oder lehrt, wenn diese nicht zur Tugend der Seele beiträgt. Vor allem sollte man prüfen, was die Lehre bewirkt, der die Frauen, die Philosophie studieren, unserer Meinung nach folgen sollen: Kann ein Studium, das die Bescheidenheit als höchstes Gut darstellt, diese Frauen überheblich machen? Kann ein Studium, das zur größten Selbstbeherrschung anleitet, sie dazu bringen, sich rücksichtslos zu verhalten? Lehrt etwas, das die Zuchtlosigkeit als größtes Übel darstellt, keine Selbstbeherrschung? Bringt eine Philosophie, die sorgfältige Haushaltsführung als Tugend darstellt, sie nicht dazu, ihren Haushalt gut zu führen? Schließlich halten die Lehren der Philosophie die Frauen dazu an, mit ihrem Los zufrieden zu sein und selbst mit anzufassen.

4.

Sollten Töchter die gleiche Erziehung erhalten wie Söhne?

Als einmal die Frage aufkam, ob Söhne und Töchter die gleiche Erziehung erhalten sollten oder nicht, wies er darauf hin, dass die Züchter von Pferden und Hunden keinen Unterschied in der Ausbildung von männlichen und weiblichen Tieren machen. Weibliche Hunde werden genauso zur Jagd abgerichtet wie die männlichen. Und wenn man von Stuten erwartet, dass sie die Arbeit eines Pferdes zur Zufriedenheit erfüllen, dann kann man keinen Unterschied in ihrer Ausbildung und der von Hengsten erkennen. Beim Menschen aber scheint man es für nötig zu halten, dem Mann im Vergleich zur Frau eine besondere und außergewöhnliche Ausbildung und Erziehung zukommen zu lassen, als ob nicht beide – Männer und Frauen – sich dieselben Tugenden aneignen müssten oder als ob es möglich wäre, zu denselben Tugenden nicht durch dieselbe, sondern durch verschiedene Erziehungsmethoden zu gelangen. Dass aber die Tugenden des Mannes sich nicht von denen der Frau unterscheiden, ist leicht zu erkennen. Vor allem muss ein Mann Verstand haben und eine Frau auch. Denn was taugt ein törichter Mann oder eine törichte Frau? Darüber hinaus ist es für beide gleichermaßen wichtig, gerecht zu sein, denn ein Mann, der nicht gerecht ist, wäre kein guter Bürger, und die Frau würde ihren Haushalt nicht gut führen, wenn sie ihn nicht gerecht führt. Wenn sie ungerecht wäre, würde sie ihrem Mann Unrecht tun, wie man es sich von Eriphyle erzählt. Wiederum wird es als richtig angesehen, dass die Frau in der Ehe keusch ist, doch das gilt ebenso für den Mann. Das Gesetz sieht jedenfalls für den Ehebruch die gleiche Strafe vor wie für die Verführung zum Ehebruch. Die Völlerei, die Trunkenheit und andere damit zusammenhängende Laster, die Ausschweifungen sind und Schande über denjenigen bringen, der sie begeht, zeigen, dass Selbstbeherrschung für jeden Menschen, ob Mann oder Frau, unbedingt notwendig ist. Denn die einzige Möglichkeit, dem Hang zu Ausschweifungen zu entkommen, ist die Selbstbeherrschung; es gibt keine andere. Manche mögen meinen, dass die Tugend der Tapferkeit nur zu Männern passt. Das ist nicht der Fall. Denn auch eine Frau, die danach strebt, ein gutes Leben zu führen, muss tapfer und frei von Feigheit sein, sodass sie sich weder von Mühsal noch von Furcht beirren lässt. Denn wie könnte man von ihr behaupten, Selbstbeherrschung zu besitzen, wenn sie durch Drohung oder Gewalt dazu gebracht werden könnte, sich der Schande hinzugeben? Es ist aber auch notwendig, dass die Frauen in der Lage sind, Angriffe abzuwehren, es sei denn, sie sind bereit, feiger zu erscheinen als Hühner und andere weibliche Vögel, die mit Wesen kämpfen, die viel größer sind als sie selbst, um ihre Jungen zu verteidigen. Wie sollten Frauen da keine Tapferkeit benötigen? Dass Frauen eine gewisse Waffenfertigkeit besitzen, hat das Volk der Amazonen bewiesen, das viele Völker im Krieg besiegte. Wenn anderen Frauen in dieser Hinsicht etwas fehlt, liegt das demzufolge an mangelnder Übung und nicht an mangelnder Veranlagung.

Wenn also Männer und Frauen mit denselben Tugenden geboren werden, muss notwendigerweise für Männer und Frauen dieselbe Art von Ausbildung und Erziehung gelten. Denn für jedes Lebewesen, auch für jedes Tier und jede Pflanze, muss die richtige Pflege aufgewendet werden, um die ihm zukommende Vortrefflichkeit hervorzubringen. Ist es nicht so, dass, wenn es unter gleichen

Umständen für einen Mann und eine Frau notwendig wäre, Flöte spielen zu können, und wenn außerdem beide dies tun müssten, um ihren Lebensunterhalt zu verdienen, wir beiden genau die gleiche gründliche Ausbildung im Flötenspiel geben müssten? Gleiches gilt, wenn es für beide notwendig wäre, die Harfe zu spielen. Wenn es nun für beide Geschlechter notwendig ist, in gleicher Weise die Tugend zu beherrschen, die einem Menschen angemessen ist – das heißt, Verstand und Selbstbeherrschung zu besitzen sowie tapfer und gerecht zu sein –, sollten wir ihnen dann nicht beiden gleichermaßen die Kunst beibringen, durch die man ein guter Mensch wird? Ja, genau das müssen wir tun und nichts anderes.

»Nun«, wird vielleicht einer sagen, »willst du etwa, dass die Männer genauso das Spinnen lernen wie die Frauen und dass die Frauen an den gymnastischen Übungen genauso teilnehmen wie die Männer?« Nein, das würde ich nicht fordern. Ich sage vielmehr, dass – da bei den Menschen die Konstitution des Mannes stärker und die der Frau schwächer ist – jedem der Geschlechter die Aufgaben zugewiesen werden sollten, die seiner jeweiligen Natur entsprechen. Das heißt, die schwereren Aufgaben sollten den Stärkeren und die leichteren den Schwächeren gegeben werden. So sind das Spinnen und das Führen des Haushaltes für Frauen geeigneter als für Männer, während Gymnastik und das Arbeiten im Freien eher für Männer geeignet sind. Gelegentlich kann es jedoch vorkommen, dass einige Männer vernünftigerweise leichtere Aufgaben und das, was allgemein als Frauenarbeit angesehen wird, verrichten, während Frauen wiederum schwerere Aufgaben übernehmen können, die für Männer geeigneter erscheinen, wenn die körperliche Stärke, die Notwendigkeiten oder die Umstände es so erfordern. Denn ich bin geneigt, zu glauben, dass alle menschlichen Aufgaben eine gemeinsame Verpflichtung sind und für Männer und Frauen gleichermaßen gelten. Keine ist notwendigerweise ausschließlich für eines der beiden Geschlechter bestimmt, aber einige Beschäftigungen sind besser für die Veranlagung des einen, andere besser für die des anderen geeignet. Aus diesem Grund bezeichnet man einige als Männerarbeit und einige als Frauenarbeit.

Was jedoch in den Bereich der Tugenden fällt, gilt, wie man zu Recht sagt, für die Natur beider Geschlechter gleichermaßen, denn wir sind uns einig, dass die Tugenden beiden gleich gut zu Gesicht stehen. Daher halte ich es für vernünftig, dass alles, was sich auf die Tugenden bezieht, dem Mann und der Frau gleichermaßen beigebracht werden sollte. Ihnen sollte von Kindheit an beigebracht werden, dass dies richtig und das falsch ist und dass es für beide Geschlechter gleichermaßen gilt – dass dies gut, das jedoch schlecht ist, dass man dies tun muss, jenes aber nicht tun darf. Auf diese Weise erwerben die Lernenden die rechte Einsicht – Jungen wie Mädchen gleichermaßen, ohne Unterschied. Zudem müssen sie zu Abscheu gegenüber allem, was niederträchtig ist, erzogen werden. Wenn sie diese beiden Eigenschaften erworben haben, sind Mann und Frau notwendigerweise selbstbeherrscht. Und vor allem muss das Kind, das richtig erzogen wird, ob Junge oder Mädchen, daran gewöhnt werden, Strapazen zu ertragen, den Tod nicht zu fürchten und sich durch kein Unglück entmutigen zu lassen, kurz, es muss an jede Situation gewöhnt werden, die Tapferkeit erfordert. Tapferkeit sollte, wie zuvor bereits gezeigt wurde, auch bei den Frauen vorhanden sein. Außerdem – und das ist die beste Lehre – müssen sie lernen, nicht egoistisch zu sein, die Gerechtigkeit hoch zu achten und als Mensch den Mitmenschen helfen zu wollen und ihnen nicht zu schaden. So werden sie gerecht. Aus welchem Grund sollte es für einen Mann angemessener sein, dies zu lernen? Wenn auch Frauen gerecht sein sollen, ist es notwendig, dass beide Geschlechter dieselben Lektionen lernen, die in höchstem Maße wichtig für den Charakter sind.

Es kann vorkommen, dass ein Mann etwas über eine bestimmte fachliche Fertigkeit weiß und eine Frau nicht oder dass sie etwas weiß und er nicht. Das bedeutet nicht, dass es deshalb einen Unterschied in der Erziehung der beiden geben sollte. Aber in den wichtigen Dingen soll nicht der eine etwas wissen und der andere nicht, sondern sie sollen dasselbe wissen. Wenn man mich fragt, welche Wissenschaft eine solche Bildung hervorbringt, so antworte ich, dass ohne die Philosophie weder Mann noch Frau auf die rechte Weise gebildet werden kann. Ich will damit nicht sagen, dass die Frauen Gewandtheit und Scharfsinn in Streitgesprächen besitzen sollen. Das wäre völlig überflüssig, denn sie werden die Philosophie für die Zwecke ihres Lebens als Frauen benutzen. Auch bei Männern schätze ich diese Fertigkeiten nicht besonders. Ich dränge nur darauf, dass sie sich durch die Philosophie ein gutes Benehmen und einen tugendhaften Charakter aneignen. Schließlich ist die Philosophie in Wahrheit das Streben nach Tugendhaftigkeit und nichts anderes.

5.

Was ist wirksamer, Theorie oder Praxis?

Einmal kam bei uns das Thema auf, ob zur Erlangung der Tugend die Praxis oder die Theorie wirksamer sei, da die Theorie lehrt, wie man sich richtig verhält, während die Praxis die Menschen daran gewöhnt, nach dieser Theorie zu handeln. Musonius Rufus hielt die Praxis für wirksamer, und um seine Meinung zu untermauern, stellte er einem der Anwesenden die folgende Frage: »Nehmen wir an, es gäbe zwei Ärzte, von denen der eine in der Lage wäre, sehr brillant über die Kunst der Medizin zu reden, aber keine Erfahrung in der Behandlung von Kranken hätte, und der andere wäre zwar unfähig, zu reden, aber erfahren in der Behandlung seiner Patienten gemäß der passenden medizinischen Grundsätze. Welchen von beiden würdest du wählen, um dich behandeln zu lassen, wenn du krank wärst?« Der Schüler antwortete, er würde den Arzt wählen, der Erfahrung im Heilen habe. Musonius Rufus fuhr dann fort: »Nun, dann nehmen wir ein Beispiel von zwei anderen Männern. Der eine ist viel zur See gefahren und hat als Steuermann auf vielen Schiffen gedient, der andere ist nur wenige Male zur See gefahren und hat noch nie als Steuermann gearbeitet. Wenn derjenige, der noch nie ein Schiff gelenkt hat, hervorragend darüber sprechen könnte, wie man ein Schiff steuern muss, und der andere nur sehr schlecht und dürftig, welchen von beiden würdest du als Steuermann anheuern, wenn du auf eine Seereise gingst?« Der Mann sagte, er würde den erfahrenen Steuermann auswählen. Wiederum fragte Musonius: »Nehmen wir den Fall zweier Musiker. Der eine kennt die Musiktheorie und kann sie überzeugend vortragen, aber er kann weder singen noch Harfe oder Leier spielen. Der andere ist ihm, was die Theorie betrifft, unterlegen, aber er kann Harfe und Leier spielen und auch singen. Welchem von beiden würdest du eine Stelle als Musiker geben, oder welchen von beiden würdest du gern als Musiklehrer für ein Kind haben, das keine Musik kennt?« Der Mann antwortete, dass er denjenigen wählen würde, der in der Praxis bewandert sei. »Nun«, sagte Musonius, »wenn das so ist, ist es dann nicht auch viel besser, sich jederzeit im Griff zu haben und unter allen Umständen besonnen zu handeln, als nur darüber sprechen zu können, was man tun soll?« Auch diesem Punkt stimmte der junge Mann zu, dass es von geringerer Bedeutung ist, gut über Selbstbeherrschung reden zu können, als selbstbeherrscht zu handeln.

Daraufhin fragte Musonius, das Gesagte zusammenfassend: »Wie könnte es nun angesichts dieser Schlussfolgerungen besser sein, die Theorie von irgendetwas zu kennen, als sich daran zu gewöhnen, nach den Prinzipien dieser Theorie zu handeln, wenn wir doch verstehen, dass die Anwendung zum entsprechenden Handeln befähigt, die Theorie aber nur dazu, darüber zu sprechen? Die Theorie ist mit der Praxis verbunden. Da die Theorie lehrt, wie man handeln soll, steht sie in der Abfolge an erster Stelle, denn man kann nichts wirklich gut machen, wenn die praktische Ausführung nicht mit der Theorie übereinstimmt. Aber in Bezug auf die Wirkkraft steht die praktische Übung in der Rangfolge vor der Theorie, da sie den Menschen stärker zum Handeln anregt.«

6.

ÜBER DAS ÜBEN

Er drängte die Menschen, mit denen er zu tun hatte, stets ernsthaft dazu, seine Lehren in die Praxis umzusetzen, wobei er unter anderem die folgenden Argumente anführte. Tugend, so sagte er, ist nicht nur ein theoretisches Wissen, sondern auch eine praktische Anwendung, genau wie die Heilkunst und die Musik. So, wie der Arzt und der Musiker nicht nur die theoretische Seite ihrer jeweiligen Kunst beherrschen, sondern sich auch darin üben müssen, nach ihren Grundsätzen zu handeln, so muss ein Mensch, der gut werden will, nicht nur mit den Geboten, die der Tugend förderlich sind, gründlich vertraut sein, sondern er muss sich auch ernsthaft und eifrig in der Anwendung dieser Grundsätze üben. Wie könnte ein Mensch sich denn sofort zu mäßigen wissen, wenn er nur gelernt hätte, dass man sich nicht von Begierden hinreißen lassen darf, aber ganz ungeübt darin wäre, ihnen zu widerstehen? Wie könnte man gerecht werden, wenn man zwar gelernt hätte, dass man die Gerechtigkeit lieben muss, sich aber nie darin geübt hätte, Egoismus und Habgier zu unterdrücken? Wie könnten wir tapfer werden, wenn wir nur gelernt hätten, dass die Dinge, die dem Durchschnittsmenschen furchtbar erscheinen, in Wahrheit gar nicht furchtbar sind, aber keine Erfahrung darin hätten, angesichts solcher Dinge Mut zu zeigen? Wie könnten wir weise werden, wenn wir zwar erkannt hätten, welche Dinge wirklich gut und welche schlecht sind, aber keine Übung darin hätten, Dinge zu verachten, die nur gut erscheinen?

Deshalb muss auf das Erlernen der Grundsätze, die zu jeder Tugend gehören, unweigerlich eine praktische Übung folgen, wenn wir hoffen, aus den gelernten Lektionen irgendeinen Nutzen ziehen zu können. Und darüber hinaus ist eine solche praktische Übung für den Schüler der Philosophie wichtiger als für den Studenten der Medizin oder einer ähnlichen Kunst, da die Philosophie eine größere und schwierigere Disziplin ist als jede andere Fähigkeit. Der Grund dafür ist, dass die Menschen, die in die anderen Berufe eintreten, ihre Seele nicht vorher verdorben haben und nicht zuvor das Gegenteil von dem gelernt haben, was ihnen gelehrt werden soll; diejenigen aber, die das Studium der Philosophie beginnen, sind in einer Umgebung geboren und aufgewachsen, die von Verderbnis und Bösem erfüllt ist, und wenn sie sich derart beeinflusst daranmachen, die wahren Tugenden zu erwerben, benötigen sie eine längere und gründlichere Übung.

Wie also und auf welche Weise sollen sie sich darin üben? Da der Mensch weder allein Seele noch allein Körper ist, sondern eine Art Synthese von beidem, muss sich der Übende um beides kümmern, jedoch um den besseren Teil, die Seele, mit größerem Eifer, wie es sich gehört, aber auch um den anderen, wenn er nicht in irgendeinem Teil, der den Menschen ausmacht, mangelhaft sein soll. Denn natürlich soll auch der Körper des Philosophen für die körperliche Betätigung gut ausgebildet sein, weil die Tugenden ihn oft als notwendiges Instrument für die Angelegenheiten des praktischen Lebens gebrauchen. Nun gibt es zwei Arten von Übungen, eine, die nur auf die Seele abzielt, und eine, die sowohl der Seele als auch dem Körper zugutekommt. Die Übungen, die beiden gelten, wenden wir an, wenn wir uns an Kälte, Hitze, Durst, Hunger, karge Verpflegung, harte Betten, Enthaltung von Vergnügungen und das Ertragen von Leiden gewöhnen. Durch Übungen dieser und ähnlicher Art wird der Körper gestählt, er gewöhnt sich daran, Härten zu ertragen, wird robust und bereit für jede Aufgabe. Aber auch die Seele wird gestählt, indem sie sich durch das Ertragen von Mühsal in Tapferkeit und durch die Enthaltung von Vergnügungen in Selbstbeherrschung übt. Die Übungen für die Seele bestehen zunächst darin, dass diese die Beweise dafür einstudiert und immer parat hat, dass das scheinbar Gute nichts wirklich Gutes ist, ebenso dass die scheinbaren Übel keine wirklichen Übel sind, und dass sie lernt, die wirklich guten Dinge zu erkennen und sie von den nicht wirklich guten zu unterscheiden. Anschließend besteht die Übung darin, nichts von dem zu meiden, was nur scheinbar böse ist, und nichts von dem anzustreben, was nur scheinbar gut ist, sowie unter allen Umständen das wirkliche Übel zu meiden und mit allen Kräften das wirklich Gute zu verfolgen.

Damit habe ich versucht, auszudrücken, was das Wesen jeder der beiden Übungsarten ist. Ich werde mich jedoch nicht bemühen, im Einzelnen und getrennt voneinander zu erörtern, wie die Übungen für Seele und Körper und jene für die Seele allein durchgeführt werden sollen, sondern ich werde ohne feste Reihenfolge die Übungen beider Teile behandeln. Wir alle, die wir an philosophischen Diskussionen teilgenommen haben, haben gehört und begriffen, dass weder Schmerz noch Tod noch Armut noch irgendetwas anderes, das frei von Schlechtigkeit ist, ein Übel ist und dass wiederum Reichtum, Leben, Vergnügen oder irgendetwas anderes, das nicht an der Tugend teilhat, nichts Gutes ist. Aber wegen der Verderbtheit, die uns von Kindheit an eingepflanzt wurde, und wegen der schlechten Gewohnheiten, die diese Verderbtheit hervorgebracht hat, glauben wir trotz dieser Einsicht, sobald uns Mühsal widerfährt, dass ein Übel über uns gekommen ist, und wenn uns Vergnügen widerfährt, glauben wir, dass uns etwas Gutes zuteilwird. Wir fürchten den Tod als das größte Unglück; wir klammern uns an das Leben, das wir als den größten Segen ansehen, und wenn wir Geld ausgeben, erfüllt uns das mit Schmerz, als ob wir einen Schaden erlitten hätten, aber wenn wir Geld erhalten, freuen wir uns, als wäre uns eine Wohltat zuteilgeworden. Ähnlich verhält es sich mit den meisten anderen Dingen: Wir gehen nämlich nicht mit der richtigen Einstellung an sie heran, sondern folgen vielmehr einer schlechten Gewohnheit. Da all dies, wie bereits erwähnt, der Fall ist, muss der Übende danach streben, sich anzugewöhnen, das Vergnügen nicht zu lieben, vor Mühsal nicht davonzulaufen, nicht am Leben zu hängen, den Tod nicht zu fürchten und, wenn es sich um Waren oder Geld handelt, das Nehmen nicht über das Geben zu stellen.

7.

Warum wir Mühsal verachten sollten

Um leichter und freudiger die Mühen zu ertragen, die wir um der Tugend und des Guten willen zu erdulden haben, ist es nützlich, sich zu vergegenwärtigen, welche Mühen die Menschen für unwürdige Zwecke auf sich nehmen. Man bedenke zum Beispiel, was zügellose Liebhaber um übler Begierden willen auf sich nehmen und wie viel Mühe andere aufwenden, um etwas zu gewinnen, und wie viel Leid diejenigen ertragen, die nach Ruhm streben. Und all diese Menschen nehmen jede Art von Mühsal freiwillig auf sich. Ist es da nicht ungeheuerlich, dass diese Menschen selbst ohne ehrenhaften Lohn solche Mühen und Leiden ertragen, während wir nicht einmal um des idealen Guten willen – also nicht nur um der Vermeidung von Übel, das unser Leben zerstört, sondern auch um der Erlangung der Tugend willen, die wir die Erschafferin alles Guten nennen können – bereit sind, jegliche Mühsal auf uns zu nehmen?

Und doch wäre wohl niemand der Ansicht, dass es deutlich besser sei, statt sich anzustrengen, die Frau eines anderen für sich zu gewinnen, sich darum zu bemühen, die eigenen Begierden zu zügeln; statt Anstrengungen um des Geldes willen zu ertragen, sich darin zu üben, wenig zu wollen; statt unter großer Mühsal zu versuchen, Ruhm zu erlangen, sich darum zu bemühen, nicht nach Bekanntheit zu dürsten; statt zu versuchen, einem Menschen, den man beneidet, Schaden zuzufügen, herauszufinden, wie man es schaffen kann, niemanden zu beneiden; und statt sich wie die

Schmeichler für falsche Freunde abzumühen, Leiden auf sich zu nehmen, um wahre Freunde zu finden.

Da nun im Allgemeinen Mühsal und Entbehrungen zwangsläufig alle Menschen treffen – sowohl diejenigen, die nach dem Besseren streben, als auch diejenigen, die nach dem Schlechteren streben –, wäre es absurd, wenn diejenigen, die das Bessere anstreben, nicht viel eifriger in ihren Bemühungen wären als diejenigen, bei denen es nur eine geringe Hoffnung auf eine wahre Belohnung für all ihre Mühen gibt. Dennoch stellen sich Akrobaten ohne Bedenken ihren schwierigen Übungen und riskieren dabei ihr Leben. Sie schlagen Salti über nach oben gerichtete Schwerter oder balancieren in großer Höhe über ein Seil oder fliegen wie Vögel durch die Luft, wobei ein einziger Fehler den Tod nach sich zieht, und das alles für einen erbärmlich geringen Lohn. Und da wollen wir nicht bereit sein, um des vollkommenen Glücks willen Mühsal zu ertragen? Denn das höchste Ziel im Bestreben, wahrhaft gut zu werden, ist doch, glücklich zu werden und für den Rest seines Lebens glücklich zu sein. Aus gutem Grund könnte man sogar an die Eigenschaften bestimmter Tiere denken, die uns beschämen und dazu anspornen könnten, Anstrengungen auf uns zu nehmen. Jedenfalls kämpfen Hähne und Wachteln, obwohl sie keinen Begriff von Tugend haben wie der Mensch und nicht wissen, was gut und was gerecht ist, und die nach nichts von alledem streben, dennoch gegeneinander und stehen selbst dann, wenn sie verwundet sind, wieder auf und halten bis zum Tod durch, damit nicht der eine vom anderen unterworfen wird. Um wie viel mehr ist es da angebracht, dass wir standhaft bleiben und ausharren, wenn wir wissen, dass wir für einen guten Zweck leiden, sei es, um unseren Freunden zu helfen oder unserer Stadt zu nützen, sei es, um unsere Frauen und Kinder zu verteidigen oder, am besten und allerwichtigsten, um gut, gerecht und besonnen zu werden – ein Zustand, den kein Mensch ohne Mühen erreicht. Und so bleibt mir zu sagen, dass der Mensch, der nicht bereit ist, sich anzustrengen, des Guten unwürdig ist, da wir alles Gute durch Mühsal erlangen.

Diese und ähnliche Worte sprach er, womit er seine Zuhörer dazu anhielt und anspornte, Mühsal zu verachten.

8.

Warum auch Könige Philosophie studieren sollten

Als einmal einer der Könige aus Syrien zu ihm kam (denn damals gab es in Syrien noch Könige, Vasallen der Römer), sagte er ihm neben vielem anderen vor allem Folgendes: Bilde dir nicht ein, so sprach er, dass es für irgendjemanden angemessener wäre, Philosophie zu studieren, als für dich und aus keinem anderen Grund mehr, als weil du ein König bist. Denn die erste Pflicht eines Königs besteht darin, sein Volk zu schützen und ihm zu nützen. Ein Beschützer und Wohltäter muss jedoch wissen, was für einen Menschen gut und was schlecht ist, was nützlich und was schädlich, was vorteilhaft und was nachteilig ist, denn es ist klar, dass diejenigen, die sich mit dem Bösen abgeben, Schaden erleiden, während diejenigen, die sich an das Gute halten, Schutz genießen und diejenigen, die der Hilfe und der Förderung für würdig erachtet werden, Wohltaten erfahren, während diejenigen, die sich in nachteilige und schädliche Situationen bringen, Strafe erleiden. Das Gute vom Schlechten, das Vorteilhafte vom Nachteiligen, das Nützliche vom Schädlichen zu unterscheiden, ist aber die Aufgabe keines anderen als des Philosophen, der sich ja ständig mit genau diesen Fragen beschäftigt, damit er keinen Aspekt davon außer Acht lässt, und der es zu seinem Beruf gemacht hat, zu verstehen, was zum Glück oder Unglück des Menschen führt. Daraus folgt, dass der König Philosoph sein sollte. Darüber hinaus gehört es sich für einen König, oder vielmehr ist es eine absolute Notwendigkeit für ihn, seinen Untertanen gegenüber Gerechtigkeit walten zu lassen, sodass niemand mehr oder weniger als das bekommt, was ihm zusteht, sondern dass jene Ehre oder Strafe erhalten, die es verdienen.

Aber wie sollte jemand, der nicht gerecht ist, dies jemals bewerkstelligen können? Und wie sollte jemand gerecht sein, der das Wesen der Gerechtigkeit nicht versteht? Auch aus diesem Grund sollte der König Philosophie studieren, denn ohne ein solches Studium wäre nicht klar, ob er sich mit Gerechtigkeit und Gerechten auskennt. Denn man kann weder leugnen, dass derjenige, der diese Dinge studiert hat, die Gerechtigkeit besser versteht als derjenige, der sie nicht studiert hat, noch dass alle in dieser Hinsicht unwissend sind, die keine Philosophie studiert haben. Dass diese Aussage stimmt, zeigt sich darin, dass die Menschen sich über die Gerechtigkeit uneins sind und miteinander streiten, was gerecht ist. Die einen sagen, dies sei gerecht, die anderen jenes. Aber über Dinge, die Menschen wirklich wissen, gibt es keine Meinungsverschiedenheit, wie beispielsweise über Weiß und Schwarz oder heiß und kalt oder weich und hart, sondern alle denken darüber dasselbe und benutzen dieselben Begriffe. Genauso wären sie sich über die Gerechtigkeit einig, wenn sie wüssten, was sie ist. Aber gerade in ihrer Uneinigkeit offenbaren sie ihre Unwissenheit. Ich bin sogar geneigt, zu glauben, dass auch du nicht weit von einer solchen Unwissenheit entfernt bist, und du solltest dich mehr als jeder andere um dieses Wissen bemühen, denn für einen König ist es schändlicher als für einen Privatmann, keine Ahnung von Gerechtigkeit zu haben.

Darüber hinaus ist es wichtig, dass der König sich in Selbstbeherrschung übt und von seinen Untertanen Selbstbeherrschung verlangt, damit er vernünftig regiert und die Untertanen sich so unterwerfen, wie es sich für sie gehört, und auf keiner Seite Übermut aufkommt. Denn Maßlosigkeit verdirbt jeden Herrscher und Bürger. Aber wie sollte jemand Selbstbeherrschung erlangen, wenn er sich nicht darum bemüht, seine Begierden zu zügeln, oder wie sollte ein Mensch, der selbst undiszipliniert ist, andere zur Mäßigung bringen? Man kann keine andere Wissenschaft als die Philosophie nennen, die zur Selbstbeherrschung anleitet. Sie lehrt, über Vergnügungen und Gier erhaben zu sein, Genügsamkeit zu bewundern und Verschwendung zu vermeiden; sie schult die Ehrfurcht und die Beherrschung der Zunge; und sie bringt Disziplin, Ordnung und Höflichkeit hervor und allgemein das, was sich im Handeln und im Verhalten gehört. Wenn diese Eigenschaften bei einem gewöhnlichen Menschen vorhanden sind, verleihen sie ihm Würde und Selbstbeherrschung, aber wenn sie bei einem König vorhanden sind, machen sie ihn wahrhaft gottähnlich und verehrungswürdig.

Da nun Furchtlosigkeit, Unerschrockenheit und Kühnheit das Produkt der Tapferkeit sind, wie anders könnte ein Mensch sie sich aneignen als durch die feste Überzeugung, dass Tod und Mühsal keine Übel sind? Denn Tod und Mühsal sind es ja gerade, um es noch einmal zu wiederholen, die die Menschen aus dem Gleichgewicht bringen und ängstigen, wenn sie glauben, dass sie Übel sind. Dass sie aber keine Übel sind, lehrt allein die Philosophie. Wenn also Könige Tapferkeit besitzen müssen, und zwar mehr als alle anderen, dann müssen sie sich dem Studium der Philosophie widmen, da sie auf keine andere Weise tapfer werden können.

Und wenn Könige überhaupt irgendein Vorrecht genießen, dann das, in der Ratio unbesiegbar zu sein und mit Argumenten über jene, die mit ihnen diskutieren, siegen zu können, ganz so wie mit Waffen über ihre Feinde. Wenn Könige in dieser Hinsicht schwach sind, ist es nur logisch, dass sie oft in die Irre geführt und gezwungen werden, das Falsche als wahr anzunehmen, was der Preis der Torheit und der dummen Unwissenheit ist. Nun verleiht die Philosophie ihren Anhängern von Natur aus vielleicht mehr als alles andere die Fähigkeit, anderen in der Debatte überlegen zu sein, das Falsche vom Wahren zu unterscheiden und das eine zu widerlegen und das andere zu bestätigen. Jedenfalls sieht man, wie professionelle Redner, wenn sie sich mit Philosophen auseinandersetzen, verwirrt und verlegen werden und letztlich gezwungen sind, sich selbst zu widersprechen. Wenn sich aber herausstellt, dass selbst solche Redner, deren Beruf es ist, sich in der Debatte zu üben, den Philosophen in der Argumentation unterlegen sind, was muss dann erst mit den anderen Menschen geschehen? Wenn also jemand, der König ist, den Ehrgeiz hat, in Debatten überlegen zu sein, so sollte er sich der Philosophie widmen, damit er nicht fürchten muss, dass irgendjemand auf diesem Gebiet über ihn siegt; denn ein König sollte in allem völlig furchtlos, mutig und unbesiegbar sein.

Überhaupt ist es für den guten König von größter Wichtigkeit, in Wort und Tat fehlerlos und vollkommen zu sein, wenn er tatsächlich ein »leibhaftiges Gesetz« sein soll, wie die Alten meinten, indem er eine gute Regierung aufstellt und Harmonie herbeiführt, Gesetzlosigkeit und Zwietracht hingegen verhindert, als wahrer Nachahmer des Zeus und, wie dieser, als Vater seiner Untertanen. Aber wie könnte jemand ein solcher König sein, wenn er nicht mit einer überlegenen Natur ausgestattet wäre, die bestmögliche Erziehung und Bildung genossen hätte und alle Tugenden besäße, die ein Mensch haben sollte? Wenn es also eine andere Wissenschaft gäbe, die die Natur des Menschen zu den Tugenden führte und ihn lehrte, sie zu praktizieren und sie sich anzueignen, dann sollte sie neben die Philosophie gestellt und mit ihr verglichen werden, um zu sehen, ob sie oder die Philosophie besser und geeigneter ist, einen guten König hervorzubringen. Dann wäre es für denjenigen, der ein guter König werden will, weise, sich der besseren Wissenschaft zu widmen. Wenn aber keine andere Wissenschaft sich zur Lehre und Vermittlung der Tugend bekennt – denn es gibt einige, die sich ausschließlich mit dem Körper des Menschen und dem, was ihm nützt, befassen, während andere, die sich dem Geist widmen, alles andere bezwecken, als ihn dazu zu bringen, Selbstbeherrschung zu erlangen, so hat doch die Philosophie allein dies als Ziel und beschäftigt sich damit, wie der Mensch das Übel meiden und Tugend erwerben kann. Wenn dies, so sage ich, so zutrifft, was wäre dann einem König, der gut sein will, nützlicher als das Studium der Philosophie? Wie könnte ein Mensch besser oder auf andere Art ein guter Herrscher sein oder ein gutes Leben führen als durch das Studium der Philosophie? Ich für meinen Teil glaube, dass ein guter König notwendigerweise zugleich ein Philosoph und der Philosoph zur Königsherrschaft fähig sein muss.

Untersuchen wir die erste dieser beiden Behauptungen: Ist es möglich, ein guter König zu sein, wenn man kein guter Mensch ist? Nein, das ist nicht möglich. Aber hätte ein guter Mensch nicht auch das Recht, Philosoph genannt zu werden? Ganz sicher, denn Philosophie ist das Streben nach dem idealen Guten. Daher ist ein guter König notwendigerweise auch ein Philosoph. Dass der Philosoph wiederum ganz und gar zur Königsherrschaft fähig ist, lässt sich aus dem Folgenden ableiten. Eine zur Königsherrschaft fähige Person besitzt offensichtlich die Fähigkeit, Völker und Staaten gut zu regieren, und sie ist würdig, über Menschen zu herrschen. Wer wäre aber wohl ein fähigeres Stadtoberhaupt oder würdiger, über Menschen zu herrschen, als der Philosoph? Denn er sollte (wenn er ein wahrer Philosoph ist) intelligent, maßvoll, edelgesinnt, ein guter Richter darüber, was gerecht ist und was sich gehört, sowie in der Lage sein, seine Pläne umzusetzen und Mühsal zu ertragen. Darüber hinaus sollte er mutig, furchtlos, entschlossen angesichts scheinbaren Unheils und außerdem wohltätig, hilfsbereit und voller Menschenliebe sein. Wer wäre wohl besser geeignet oder fähiger, zu regieren, als ein solcher Mann? Niemand. Auch wenn er nicht viele Untertanen hat, die ihm gehorsam sind, ist er doch nicht weniger zur Königsherrschaft fähig, denn es genügt, über seine Freunde oder seine Frau und seine Kinder oder auch nur über sich selbst zu herrschen. Denn ein Arzt, der nur wenige Patienten behandelt, ist nicht weniger Arzt als einer, der viele behandelt, solange er Geschick und Erfahrung in der Heilkunst hat. Ebenso ist der Musiker, der nur wenige Schüler unterrichtet, nicht weniger ein Musiker als derjenige, der viele unterrichtet, vorausgesetzt, er beherrscht die Kunst der Musik. Ebenso ist der Reiter, der nur ein oder zwei Pferde abrichtet, genauso ein Reiter wie derjenige, der viele abrichtet, wenn er in der Reitkunst bewandert ist. Und so ist derjenige, der nur ein oder zwei Untertanen hat, ebenso der Königsherrschaft würdig wie derjenige, der viele hat, wenn er nur die Fähigkeit und das Können zum Regieren hat, damit er den Titel König verdienen könnte. Deshalb, so scheint mir, hat Sokrates die Philosophie auch die staatsmännische und königliche Wissenschaft genannt, weil derjenige, der sie beherrscht, zugleich ein Staatsmann ist. Nachdem Musonius geendet hatte, sagte ihm der König, der seine Freude an diesen Ausführungen gehabt hatte, er sei ihm dankbar für seine Worte, und fügte hinzu: »Dafür kannst du von mir verlangen, was du willst, ich werde dir nichts abschlagen.« Da antwortete Musonius: »Die einzige Gunst, um die ich dich bitte, ist, dass du dieser Lehre treu bleibst, da du sie für lobenswert hältst; denn auf diese Weise und auf keine andere machst du mir die größte Freude und hast selbst den größten Nutzen.«

9.

Warum Verbannung kein Übel ist

Als er einen Verbannten über sein Leben in der Verbannung klagen hörte, tröstete ihn Musonius in etwa folgendermaßen. Warum, so fragte er, sollte jemand, der nicht ohne Verstand ist, sich von der Verbannung niederschlagen lassen? Sie beraubt uns keineswegs des Wassers, der Erde, der Luft, der Sonne und der anderen Gestirne, ja nicht einmal der Gesellschaft der Menschen, denn überall und auf jede Weise gibt es Gelegenheit, mit diesen zu verkehren. Was ist so schlimm daran, wenn wir von einem bestimmten Teil der Erde und vom Umgang mit bestimmten Menschen abgehalten werden? Als wir zu Hause waren, konnten wir auch nicht die gesamte Erde genießen und wir hatten auch nicht mit allen Menschen Umgang. Aber auch jetzt in der Verbannung können wir mit unseren Freunden zusammen sein, das heißt mit den wahren Freunden, die diese Bezeichnung verdienen, denn sie würden uns niemals verraten oder im Stich lassen. Aber wenn sich einige als falsche statt als wahre Freunde erweisen, dann ist es sowieso besser, von ihnen getrennt als mit ihnen zusammen zu sein. Sag mir, ist nicht der Kosmos das gemeinsame Vaterland aller Menschen, wie Sokrates meinte? Nun, dann darfst du es nicht als Verbannung aus deinem Vaterland betrachten, wenn du den Ort verlässt, an dem du geboren und aufgewachsen bist, sondern nur als Verbannung aus einer bestimmten Stadt, zumindest dann, wenn du dich für einen vernünftigen Menschen hältst. Denn ein solcher Mensch erachtet keinen Ort als Ursache seines Glücks oder Unglücks, sondern macht alles von sich selbst abhängig und betrachtet sich als Bürger des Staates Gottes, der aus Menschen und Göttern besteht. Damit übereinstimmend sagt Euripides:

Wie der ganze Himmel dem Adler offensteht,
so ist die ganze Erde dem edlen Mann ein Vaterland.

So wie man einen Menschen, der in seinem eigenen Land lebt, aber in einem anderen Haus als dem, in dem er geboren wurde, für töricht und lächerlich halten würde, wenn er deswegen weint und jammert, so würde man mit Recht denjenigen für töricht und dumm halten, der es für ein Unglück hält, dass er in einer anderen Stadt lebt und nicht in der, in der er zufällig geboren worden ist. Und wie sollte die Verbannung ein Hindernis für die Kultivierung des eigenen Selbst und für die Erlangung der Tugend sein, wo doch nie jemand durch die Verbannung an der Erkenntnis und Übung des Notwendigen gehindert wurde? Kann es nicht sogar sein, dass die Verbannung zu diesem Ziel beiträgt, da sie den Menschen mehr Muße und eine größere Gelegenheit bietet, das Gute zu erlernen und zu praktizieren, als früher, weil sie nicht von ihrem angeblichen Vaterland gezwungen werden, politische Pflichten zu erfüllen, und sie weder von ihren Verwandten noch von scheinbaren Freunden gestört werden, die es geschickt verstehen, sie zu behindern und vom Streben nach höheren Dingen abzuhalten? In der Tat gab es Fälle, in denen die Verbannung ein absoluter Segen war, wie beispielsweise für Diogenes, der durch seine Verbannung von einem gewöhnlichen Bürger zum Philosophen wurde. Statt untätig in Sinope herumzusitzen, betätigte er sich in Griechenland und übertraf in seinem Streben nach Tugend die Philosophen. Für andere, die aufgrund von übermäßigem Genuss und Luxus gesundheitlich angeschlagen waren, war die Verbannung eine Quelle der Kraft, weil sie dadurch gezwungen wurden, ein mannhafteres Leben zu führen. Wir wissen sogar von einigen, die durch die Verbannung von chronischen Krankheiten geheilt wurden, wie beispielsweise in unseren Tagen der Lakedaimonier Spartiatikos, der lange an einer schwachen Brust litt und aus diesem Grund oft krank war, aber als er aufhörte, ein schwelgerisches Leben in Luxus zu führen, war er auch nicht länger krank. Man sagt, dass andere, die der Schwelgerei verfallen waren, von der Gicht befreit wurden, obwohl sie vorher völlig ans Bett gefesselt waren – Menschen, die durch die Verbannung gezwungen wurden, sich an ein einfacheres Leben zu gewöhnen, und gerade dadurch wieder gesund wurden. Es scheint also, dass die Verbannung, indem sie diesen Menschen mehr Gutes tut als sie sich selbst, der Gesundheit des Körpers und des Geistes eher nützt, als sie zu schädigen.

Es ist auch nicht wahr, dass es den Verbannten an wirklich Notwendigem fehlt. Denn diejenigen, die untätig sind, keine Eigeninitiative aufbringen und unfähig sind, die Rolle eines Mannes zu übernehmen, wissen im Allgemeinen auch in ihrem eigenen Land weder ein noch aus und sind hilflos, aber tatkräftige, fleißige und intelligente Menschen kommen überall gut zurecht und leben ohne Mangel, egal, wohin sie kommen. Überhaupt verspüren wir ja kaum einen Mangel, es sei denn, wir wollen luxuriös leben.

Denn was brauchen die Sterblichen außer zwei Dingen,
dem Brot der Demeter und einem Trunk vom Wasserträger,
welche stets zur Hand sind und geschaffen wurden, um uns
zu ernähren?

Ich möchte hinzufügen, dass Menschen, die etwas taugen, in der Verbannung nicht nur leicht zurechtkommen, was das Lebensnotwendige betrifft, sondern oft große Schätze erwarben. Odysseus jedenfalls war in einer schlimmeren Lage als jeder andere Verbannte, denn er war allein, nackt und schiffbrüchig, als er bei Fremden, den Phäaken, ankam, und konnte sich dennoch immens bereichern. Und als Themistokles aus seiner Heimat verbannt wurde und zu Menschen kam, die nicht nur unfreundlich, sondern tatsächlich Feinde und Barbaren waren, den Persern, erhielt er drei Städte für seinen Lebensunterhalt geschenkt, Myus, Magnesia und Lampsakos. Auch Dion von Syrakus, der von Dionysios, dem Tyrannen, all seiner Besitztümer beraubt und aus seinem Land verbannt worden war, wurde in der Verbannung so reich, dass er ein Söldnerheer aufstellen konnte, mit dem er nach Sizilien zog und die Insel von dem Tyrannen befreite. Wer würde also, wenn er bei klarem Verstand wäre, angesichts dieser Fälle noch behaupten, dass die Verbannung die Ursache für die Not aller Verbannten sei? Außerdem ist es gar nicht nötig, dass die Verbannten wegen ihrer Verbannung in Verruf geraten, denn jeder weiß, dass viele Prozesse ungerecht sind und viele Menschen zu Unrecht aus ihrem Land verbannt werden und dass es in der Vergangenheit Fälle gegeben hat, in denen gute Männer von ihren Landsleuten verbannt wurden, wie beispielsweise aus Athen Aristides der Gerechte und aus Ephesos Hermodoros, wegen dessen Verbannung Heraklit alle erwachsenen Männer unter den Ephesiern aufforderte, sich aufzuhängen. Einige Verbannte wurden sogar sehr berühmt, wie Diogenes von Sinope und Klearchos der Lakedaimonier, der mit Kyros gegen Artaxerxes ins Feld zog, um nur einige zu nennen. Wie, bitte schön, kann dieser Zustand, durch den einige Menschen berühmter geworden sind als zuvor, für einen schlechten Ruf verantwortlich sein?

Aber, so beharrst du, Euripides sagt doch, dass Verbannte ihre persönliche Freiheit verlieren, wenn sie ihrer Redefreiheit beraubt werden. Denn er berichtet, wie Iokaste ihren Sohn Polyneikes fragt, welches Unglück ein Verbannter zu ertragen hat. Er antwortet:

> *Das größte von allen ist, dass er nicht frei sprechen darf.*

Sie erwidert:

> *Nicht sagen zu können, was man denkt, ist das Schicksal eines Sklaven.*

Aber ich würde erwidern: »Du hast recht, Euripides, wenn du sagst, dass es Sklavenart ist, nicht zu sagen, was man denkt, wenn man sprechen sollte, denn man muss ja nicht immer, nicht überall und nicht vor jedem sagen, was man denkt. Aber dieser eine Punkt, so scheint mir, ist nicht gut getroffen, dass die Verbannten keine Redefreiheit hätten, wenn für dich Redefreiheit bedeutet, nicht zurückzuhalten, was man zu denken wagt. Denn nicht als Verbannte fürchten sich die Menschen, zu sagen, was sie denken, sondern als Menschen, die Angst davor haben, dass ihnen, wenn sie sprechen, Schmerz, Tod, Strafe oder etwas anderes widerfährt. Die Furcht ist die Ursache dafür, nicht die Verbannung. Denn viele Menschen, sogar die meisten, selbst dann, wenn sie sicher in ihrer Heimatstadt leben, fürchten sich vor den scheinbar schlimmen Konsequenzen der freien Rede. Der tapfere Mensch aber ist solchen Ängsten gegenüber in der Verbannung nicht minder unerschrocken als in der Heimat; auch deshalb hat er den Mut, zu sagen, was er denkt, ganz gleich, ob in der Heimat oder in der Verbannung.« All dies könnte man Euripides erwidern.

Aber sag mir, mein Freund, als Diogenes in der Verbannung in Athen lebte, oder als er von Piraten verkauft wurde und nach Korinth kam, hat da irgendjemand, ob Athener oder Korinther, jemals eine größere Redefreiheit gezeigt als er? Und war irgendeiner seiner Zeitgenossen freier als Diogenes? Sogar über Xeniades, der ihn gekauft hatte, herrschte er wie ein Herr über einen Sklaven. Aber warum sollte ich Beispiele aus längst vergangenen Zeiten anführen? Weißt du nicht, dass ich ein Verbannter bin? Wurde ich etwa der Redefreiheit beraubt? Wurde ich etwa des Privilegs beraubt, zu sagen, was ich denke? Hast du oder irgendjemand anderes jemals gesehen, dass ich vor irgendjemandem gekrochen wäre, nur weil ich ein Verbannter bin, oder dass ich der Ansicht wäre, dass mein Los jetzt schlechter sei als früher? Nein, ich wette, du würdest sagen, dass du noch nie erlebt hast, dass ich mich wegen meiner Verbannung beklagt hätte oder entmutigt gewesen wäre, denn auch wenn mir mein Land genommen wurde, so wurde ich doch nicht meiner Fähigkeit beraubt, die Verbannung tapfer zu ertragen.

Die Überlegungen, die ich für mich selbst anstelle, um mich nicht über die Verbannung zu ärgern, möchte ich dir gegenüber gern wiederholen. Mir scheint, dass ein Mensch durch eine Verbannung nicht nur verliert, er verliert durch sie nicht einmal das, was der Durchschnittsmensch als Gutes bezeichnet, wie ich soeben gezeigt habe. Aber auch wenn er einiger oder all dieser Dinge beraubt würde, wäre er noch nicht der Dinge beraubt, die wahrhaft gut sind. Denn gewiss wird der Verbannte nicht daran gehindert, Tapferkeit und Gerechtigkeit zu besitzen, nur weil er verbannt ist, noch Selbstbeherrschung noch Weisheit noch irgendeine der anderen Tugenden, die, wenn sie vorhanden sind, einem Menschen Ehre und Nutzen bringen und dazu führen, dass man ihn rühmt und ihm einen guten Ruf bescheinigt, die aber, wenn sie fehlen, ihm Schaden und Schande zufügen und zeigen, dass er ein schlechter Mensch ohne Ehre ist. Da all dies zutrifft, kann dir, wenn du ein guter Mensch bist und die wahren Tugenden besitzt, die Verbannung weder schaden noch dich entwürdigen, weil die Tugenden, die dir am meisten helfen und dich unterstützen können, in dir vorhanden sind. Wenn du aber ein schlechter Mensch bist, so ist es deine Schlechtigkeit, die dir schadet, und nicht die Verbannung; und das Elend, das du in der Verbannung empfindest, ist das Produkt dieses Übels, nicht das der Verbannung. Daher musst du dich eher beeilen, dich von dieser Schlechtigkeit zu befreien als von der Verbannung.

All dies habe ich mir selbst gegenüber in Gedanken ständig wiederholt, und nun sage ich es dir. Wenn du weise bist, wirst du nicht mehr die Verbannung als etwas Furchtbares ansehen, denn andere ertragen sie ja leicht, sondern die Schlechtigkeit. Sie macht jeden Menschen unglücklich, der sie besitzt. Und keine der beiden notwendigen Alternativen ist doch ein wahrer Grund zur Klage. Denn entweder wurdest du zu Recht oder zu Unrecht verbannt. Wenn du zu Recht verbannt wurdest, wie kann es dann richtig oder angemessen sein, sich über eine gerechte Strafe zu ärgern? Und wenn wir zu Unrecht verbannt wurden, dann trifft das Übel nicht uns, sondern diejenigen, die uns verbannt haben – wenn es in der Tat so ist, dass ein Unrecht zu begehen (wie sie es getan haben) das Abscheulichste auf der Welt ist, während ein Unrecht zu erleiden (wie es unser Schicksal war) in den Augen der Götter und der Menschen mit Gerechtigkeitssinn keinen Anlass darstellt, uns zu hassen, sondern vielmehr uns zu helfen.

10.

Sollte der Philosoph jemanden wegen Beleidigung verklagen?

Er sagte, dass er selbst nie jemanden wegen persönlicher Angriffe anklagen würde und es auch niemand anderem empfehlen würde, der behauptet, ein Philosoph zu sein. Denn in Wirklichkeit ist nichts von dem, was die Menschen erleiden und als persönliche Verletzung ansehen, tatsächlich eine Verletzung oder Schande für den, der es erleidet, wie zum Beispiel beschimpft, geschlagen oder angespuckt zu werden. Am schwersten sind Schläge zu ertragen. Dass sie aber nichts Schändliches oder Beleidigendes an sich haben, geht aus der Tatsache hervor, dass die Jungen in Sparta öffentlich ausgepeitscht werden und darüber triumphieren. Wenn also der Philosoph Schläge und Beleidigungen nicht geringschätzen kann, wo er doch offensichtlich sogar den Tod geringschätzen sollte, wozu wäre dieser dann gut?

»Schön und gut«, sagst du, »aber die Gesinnung des Mannes, der so etwas tut, ist abscheulich, er beleidigt, indem er spottet und ohrfeigt oder beschimpft oder durch irgendeine andere derartige Handlung. Du weißt doch, dass Demosthenes behauptet, dass Menschen sogar durch einen Blick beleidigen können und dass solche Dinge unerträglich seien und die Menschen sich dadurch auf die eine oder andere Weise wahnsinnig aufregen.« So kommt es, dass Menschen, die nicht wissen, was wirklich gut und was schändlich ist und die nur auf die allgemeine Meinung hören, glauben, sie würden beleidigt, wenn ihnen jemand einen bösen Blick zuwirft oder lacht oder sie schlägt oder beschimpft. Aber ein weiser und vernünftiger Mensch, wie es der Philosoph sein sollte, lässt sich durch nichts davon beirren. Er glaubt nicht, dass es eine Schande ist, so etwas zu ertragen, sondern vielmehr, es zu tun. Denn was macht derjenige, der sich beleidigen lässt, falsch? Derjenige, der Unrecht tut, begeht doch etwas Schändliches, während der Erleidende, der nichts anderes tut, als sich zu fügen, keinen Grund hat, sich zu schämen oder Schande zu empfinden. Deshalb würde ein vernünftiger Mensch nicht vor Gericht gehen und Anklage erheben, da er nicht einmal in Betracht ziehen würde, beleidigt worden zu sein. Außerdem wäre es kleinlich, sich über solche Dinge aufzuregen oder zu ärgern. Vielmehr wird er das Geschehene mit Leichtigkeit und Ruhe ertragen, denn so gehört es sich für jemanden, dessen Ziel es ist, hochgesinnt zu sein.

Sokrates, so erinnerst du dich gewiss, besaß ja eindeutig eine solche Geisteshaltung. Er war nicht verärgert, obwohl er von Aristophanes öffentlich verspottet wurde, sondern fragte ihn, als er ihn zufällig traf, ob dieser ihn noch für eine andere Rolle bräuchte. Es ist nicht vorstellbar, dass er wegen einer kleinen Beleidigung wütend geworden wäre, dieser Mann, den es ja nicht einmal kümmerte, wenn er öffentlich im Theater beschimpft wurde! Und der gute Phokion war, als seine Frau von jemandem beschimpft worden war, so weit davon entfernt, denjenigen anzuklagen, dass er, als dieser aus Angst zu ihm kam und ihn um Verzeihung bat, weil er nicht gewusst habe, dass es seine Frau gewesen sei, die er beleidigt hatte, nur erwiderte: »Aber meine Ehefrau hat durch dich nichts erlitten, das muss wohl eine andere Frau gewesen sein, also brauchst du dich bei mir nicht zu entschuldigen.« Und ich könnte noch viele andere Männer erwähnen, die beleidigt wurden, manche durch Worte, andere durch Gewalt und Körperverletzung, und die sich nicht gegen ihre Angreifer gewehrt haben oder anderweitig gegen sie vorgegangen sind, sondern das Unrecht höchst sanftmütig ertragen haben. Und damit haben sie durchaus recht getan. Denn sich auszumalen, wie man denjenigen, der einen gebissen hat, zurückbeißt und wie man Böses mit Bösem vergelten kann, entspricht nicht dem Verhalten eines menschlichen Wesens, sondern dem eines wilden Tieres, das nicht in der Lage ist, zu begreifen, dass das meiste Unrecht, das den Menschen angetan wird, Unwissenheit und Unverständnis entspringt und dass der Mensch sofort davon ablassen wird, sobald er belehrt worden ist. Aber eine Beleidigung ohne Verbitterung hinzunehmen und sich denen gegenüber, die uns Unrecht tun, nicht unversöhnlich zu zeigen, sondern ihnen vielmehr ein Grund zu Hoffnung zu sein, zeugt von einem wohlwollenden und anständigen Charakter. Und so macht der Philosoph eine viel bessere Figur, wenn er durch sein Verhalten zeigt, dass er jeden, der ihm Unrecht tut, der Vergebung für würdig hält, als wenn er sich so verhielte, als wäre er bereit, sich mit Gerichtsverfahren und Anklagen zu verteidigen, denn damit würde er sich in Wirklichkeit ungebührlich verhalten und im Widerspruch zu seiner eigenen Lehre handeln. Denn diese besagt, dass einem tugendhaften Menschen von einem schlechten Menschen niemals Unrecht zugefügt werden kann, und dennoch erhebt er Anklage, weil ihm von schlechten Menschen Unrecht zugefügt wurde, während er doch von sich selbst behauptet, ein tugendhafter Mensch zu sein.

11.

Wie der Philosoph seinen Lebensunterhalt verdienen sollte

Es gibt auch noch eine andere Art, seinen Lebensunterhalt zu verdienen, die dieser [des Philosophen] in nichts nachsteht, ja es wäre vielleicht sogar nicht mal unvernünftig, sie als besser geeignet für einen kräftigen Menschen zu befinden: sein Leben von dem zu bestreiten, was der Erdboden hergibt, ob man nun eigenes Land besitzt oder nicht. Denn auch viele, die Land bewirtschaften, das entweder dem Staat oder anderen Privatpersonen gehört, sind in der Lage, nicht nur sich selbst, sondern auch ihre Frau und ihre Kinder zu ernähren; und manche erreichen sogar einen hohen Grad von Wohlstand durch harte Arbeit, die sie mit ihren eigenen Händen verrichten. Die Erde dankt es nämlich denen, die sie fachkundig bebauen, sehr gerecht und gut, indem sie ein Vielfaches von dem zurückgibt, was sie erhalten hat, und jeden, der zu arbeiten bereit ist, mit allem Lebensnotwendigen im Überfluss versorgt. Das tut sie, ohne die Würde und die Selbstachtung des Menschen zu verletzen. Man kann mit Sicherheit davon ausgehen, dass niemand, der nicht durch ein bequemes Leben verweichlicht ist, sagen würde, dass die Arbeit des Bauern schändlich oder für einen guten Menschen ungeeignet wäre. Wie, so frage ich, könnte das Pflanzen von Bäumen oder das Pflügen oder das Beschneiden von Reben nicht ehrenhaft sein? Sind nicht das Säen, Ernten und Dreschen allesamt Tätigkeiten, die für freie Menschen bestimmt sind und sich für gute Menschen eignen? Selbst das Dasein als Hirte – es hat Hesiod nicht entehrt und ihn nicht daran gehindert, ein Dichter zu sein und von den Göttern geliebt zu werden, und so würde es auch niemanden sonst daran hindern. In der Tat gefällt mir von allen Aspekten der Landwirtschaft am besten, dass sie dem Geist mehr Muße verschafft, über die Dinge, die mit unserer eigenen Entwicklung und Ausbildung zu tun haben, nachzudenken und sie zu untersuchen. Denn während die Beschäftigungen, die den Körper anstrengen und ermüden, den Geist dazu zwingen, sich auf sie oder jedenfalls auf den Körper zu konzentrieren, so hindern doch die Beschäftigungen, die nicht allzu viel körperliche Anstrengung erfordern, den Geist nicht daran, über einige der höheren Dinge nachzudenken und durch solche Überlegungen seine eigene Weisheit zu vergrößern – ein Ziel, das jeder Philosoph ernsthaft anstrebt.

Aus diesen Gründen empfehle ich besonders das Leben eines Hirten. Aber ganz allgemein gesprochen, wenn jemand sich der Philosophie widmet und gleichzeitig das Land bestellt, so würde ich keine andere Lebensweise mit der seinen vergleichen und keine andere Art, den Lebensunterhalt zu bestreiten, vorziehen. Denn entspricht es nicht besonders dem »Leben im Einklang mit der Natur«, seinen Lebensunterhalt direkt aus der Erde zu beziehen, die unser aller Amme und Mutter ist, und nicht aus einer anderen Quelle? Entspricht das Leben auf dem Land nicht viel mehr dem Menschen, als untätig in der Stadt zu sitzen wie die Sophisten? Wer würde denn behaupten, dass es nicht gesünder sei, draußen im Freien zu leben, als die frische Luft und die Hitze der Sonne zu meiden? Sag mir, hältst du es für richtiger, dass ein freier Mensch sich durch seine eigene Arbeit das Lebensnotwendige verschafft oder dass er es von anderen erhält? Es ist doch klar, dass es würdevoller ist, die

Hilfe eines anderen für seine Bedürfnisse nicht nötig zu haben, als darum bitten zu müssen.

Wie gut und glückspendend und vom Himmel gesegnet das Leben auf dem Lande ist, wenn man daneben nicht die Güter des Geistes vernachlässigt, mag das Beispiel des Myson von Chen zeigen, den der Gott »weise« nannte, und des Aglaus von Psophis, den er als »glücklich« rühmte, die beide auf dem Land lebten, ihren Acker selbst bewirtschafteten und sich vom Leben in der Stadt fernhielten. Ist ihr Beispiel nicht nachahmenswert und ein Ansporn, in ihre Fußstapfen zu treten und sich wie sie mit vollem Eifer der Landwirtschaft zu widmen?

»Ist es nicht unsinnig«, mag da vielleicht jemand einwenden, »dass ein gebildeter Mann, der die Jugend zur Philosophie hinführen kann, auf dem Lande arbeitet und sich wie ein einfacher Bauer abrackert?« Ja, das wäre wirklich zu schade, wenn die Landarbeit ihn tatsächlich davon abhielte, sich der Philosophie zu widmen oder anderen dabei zu helfen. Da dies aber nicht der Fall ist, scheint es mir für die Schüler eher von Vorteil zu sein, ihren Lehrer nicht in der Stadt zu treffen und seinen formellen Vorlesungen und Diskussionen zuzuhören, sondern ihn bei der Arbeit auf den Feldern zu sehen, wo er durch seine eigene Arbeit die Lehren demonstriert, die die Philosophie vermittelt – dass man Mühsal ertragen und die Schmerzen der Arbeit mit dem eigenen Körper erleiden sollte, anstatt von einem anderen für seinen Unterhalt abhängig zu sein. Was hindert einen Schüler daran, während der Arbeit einem Lehrer zuzuhören, der über Selbstbeherrschung, Gerechtigkeit oder Ausdauer spricht? Denn wer die Philosophie gut lehrt, braucht nicht viele Worte, und es ist auch nicht nötig, dass die Schüler sich bemühen, diese ganze Masse von Vorschriften zu beherrschen, mit denen sich die Sophisten so brüsten – mit ihnen könnte man eine ganze Lebensspanne zubringen. Aber das Nötigste und Nützlichste können die Menschen neben ihrer landwirtschaftlichen Arbeit lernen, vor allem, wenn sie nicht ständig arbeiten müssen, sondern auch Ruhepausen haben.

Nun weiß ich sehr wohl, dass nur wenige auf diese Weise lernen wollen, und doch wäre es besser, wenn die meisten jungen Männer, die behaupten, dass sie Philosophie studieren, sich nicht in die Nähe eines Philosophen begeben würden, ich meine jene verdorbenen und verweichlichten Burschen, durch deren Anwesenheit der gute Name der Philosophie befleckt wird. Denn unter den wahren Liebhabern der Philosophie gibt es nicht einen, der nicht bereit wäre, mit einem tugendhaften Mann auf dem Lande zu leben – selbst wenn der Ort noch so rau wäre –, da er von diesem Aufenthalt in höchstem Maße profitieren würde, weil er Tag und Nacht mit seinem Lehrer zusammen wäre, weil er fern von den Übeln der Stadt wäre, die das Studium der Philosophie behindern, und weil sein Verhalten, ob gut oder schlecht, nicht unbeobachtet bliebe – ein großer Vorteil für die Lernenden. Auch ist es ein großer Vorteil, unter der Aufsicht eines tugendhaften Menschen zu essen, zu trinken und zu schlafen. All diese Dinge, die sich unweigerlich aus dem Zusammenleben auf dem Land ergeben, lobt Theognis in den Versen, in denen er sagt:

> *Trink und iss und sitze mit guten Menschen zusammen und gewinne die Anerkennung derer, die großen Einfluss und Macht besitzen.*

Er meint, dass keine anderen als die guten Menschen große Macht zum Wohle der Menschen haben, wenn man mit ihnen zusammen isst und trinkt und sich zu ihnen setzt. Das hat er im Folgenden dargelegt:

Von guten Menschen wirst du Gutes lernen, aber wenn du dich unter schlechte begibst, wird deine Seele Schaden nehmen.

Es kann also niemand behaupten, die Arbeit in der Landwirtschaft sei ein Hindernis für das Erlernen oder das Lehren der Pflichten, denn sie kann wohl kaum ein solches Hindernis sein, wenn man sich vergegenwärtigt, dass der Schüler unter diesen Bedingungen eng mit dem Lehrer zusammenlebt und der Lehrer den Schüler ständig unter Aufsicht hat. Und wo dies der Fall ist, scheint es für einen Philosophen am geeignetsten zu sein, seinen Lebensunterhalt mit der Landwirtschaft zu bestreiten.

12.

Über das Sexualleben

Ein nicht unbedeutender Teil des Lebens in Luxus und Zügellosigkeit liegt in der sexuellen Ausschweifung. Wer ein solches Leben führt, sehnt sich zum Beispiel nach Liebschaften unterschiedlicher Art – nicht nur nach den erlaubten, sondern auch nach den unerlaubten, nicht nur mit Frauen allein, sondern auch mit Männern. Mal strebt man nach der einen, mal nach der anderen Art von Liebe, und reichen verfügbare nicht aus, strebt man nach denen, die selten und unerreichbar sind, und denkt sich schändliche Intimitäten aus, die allesamt ein schweres Vergehen für einen Menschen darstellen. Menschen, die weder lüstern noch unsittlich leben, halten den Geschlechtsverkehr nur dann für gerechtfertigt, wenn er in der Ehe stattfindet und der Zeugung von Kindern dient, da dies rechtmäßig ist. Er ist aber – auch in der Ehe – falsch und unrechtmäßig, wenn er allein der Lust dient.

Von allen geschlechtlichen Beziehungen sind allerdings die des Ehebruchs am falschesten, und ebenso unerträglich sind die des Mannes mit dem Mann, weil sie eine Ungeheuerlichkeit und wider die Natur sind. Aber darüber hinaus ist, auch abgesehen vom Ehebruch, jedweder Geschlechtsverkehr mit Frauen, der keinen rechtmäßigen Charakter hat, schändlich und beweist einen Mangel an Selbstbeherrschung. Niemand, der sich auch nur ein bisschen beherrschen kann, würde also auf die Idee kommen, mit einer Kurtisane oder einer Freigeborenen außerhalb der Ehe zu verkehren oder, noch schlimmer, mit seiner eigenen Magd. Die Tatsache, dass diese Beziehungen weder rechtmäßig noch anständig sind, macht sie zu einer Schande und Anklage für jene, die sie suchen. Daher wagt es auch niemand, so etwas in der Öffentlichkeit auszuüben, nicht einmal dann, wenn er die Fähigkeit zu erröten nahezu verloren hat, und diejenigen, die es wagen und noch nicht gänzlich entartet sind, tun es nur im Verborgenen und im Geheimen. Doch kommt allein schon der Versuch, solche Beziehungen zu verbergen, einem Schuldbekenntnis gleich.

»Alles schön und gut«, sagst du, »aber im Gegensatz zum Ehebrecher, der den Ehemann der Frau, die er verführt, betrügt, verletzt doch derjenige, der sich mit einer Kurtisane oder einer unverheirateten Frau einlässt, niemanden, da er keine Kinderhoffnungen zerstört.« Ich behaupte jedoch weiterhin, dass sich jeder, der sündigt und Unrecht tut, auch wenn es niemanden in seiner Umgebung betrifft, trotzdem umgehend als schlechter und ehrloser Mensch entlarvt. Denn derjenige, der Unrecht tut, ist schon allein dadurch, dass er Unrecht tut, schlechter und weniger ehrenhaft. Lässt man einmal die Ungerechtigkeit der Sache außer Acht, so muss ein jeder, der der Versuchung des schändlichen Vergnügens nachgibt und sich wie ein Schwein voller Freude selbst besudelt, bis ins Mark von Liederlichkeit erfüllt sein. In diese Kategorie gehört der Mann, der sich mit seiner eigenen Sklavin vergnügt, was von manchen als völlig unschuldig angesehen wird, da man davon ausgeht, dass es in der Macht eines jeden Herrn liegt, seine Sklavin zu benutzen, wie es ihm gefällt. Darauf habe ich nur eine Antwort: Wenn es einem Herrn weder schändlich noch unpassend erscheint, mit seiner eigenen Sklavin zu verkehren, vor allem, wenn sie unverheiratet ist, so möge er sich überlegen, wie es ihm wohl gefallen würde, wenn seine Frau mit einem männlichen Sklaven verkehren würde. Wäre es nicht völlig untragbar, wenn nicht nur die Frau, die einen rechtmäßigen Ehemann hat, ein Verhältnis mit einem Sklaven hätte, sondern selbst eine Frau ohne Ehemann? Und doch wird sicherlich niemand zugeben, dass Männer weniger moralisch sind als Frauen oder weniger dazu fähig, ihre Begierden zu zügeln, und somit das schwächere Geschlecht über jenes zu stellen, das vernunftbegabter ist, die Beherrschten über die Herrscher zu stellen. Tatsächlich sollten sich Männer weitaus sittsamer verhalten als Frauen, wenn sie meinen, den Frauen überlegen zu sein, denn wenn sie weniger Selbstbeherrschung aufweisen als die Frauen, so haben sie auch einen schlechteren Charakter. Warum muss man noch ausdrücklich darauf hinweisen, dass es ein Akt der Zügellosigkeit und nichts anderes ist, wenn ein Herr mit einer Sklavin ein Verhältnis hat? Das weiß schließlich jeder.

13.

Was ist der Hauptzweck der Ehe?

Er war der Meinung, der Zweck einer Ehe liege darin, eine Lebensgemeinschaft zu bilden und Kinder zu zeugen. Ehemann und Ehefrau, so sagte er, vereinigen sich, um ein gemeinsames Leben zu führen und Kinder zu zeugen, und darüber hinaus sollten sie alle Dinge teilen und nichts als etwas betrachten, das nur dem einen oder dem anderen eigen oder privat ist, nicht einmal ihre eigenen Körper. Die Geburt eines menschlichen Wesens, das aus einer solchen Verbindung hervorgeht, ist etwas Wunderbares. Dies allein reicht aber für eine vollkommene Beziehung zwischen Mann und Frau noch nicht aus, da ein Kind auch außerhalb der Ehe aus jeder geschlechtlichen Verbindung hervorgehen kann wie bei den Tieren. In der Ehe muss aber vor allem vollkommene Zuneigung und gegenseitige Liebe zwischen Mann und Frau herrschen, sowohl in Gesundheit als auch in Krankheit und in allen Lebenslagen, denn beide sind mit dem Wunsch danach und mit dem Wunsch, Kinder zu bekommen, die Ehe eingegangen. Wo also diese gegenseitige Liebe vollkommen ist und beide sie vollständig teilen, ein jeder danach strebend, den anderen in der Hingabe zu übertreffen, ist die Ehe ideal und beneidenswert, denn eine solche Verbindung ist schön. Wenn aber jeder nur seine eigenen Interessen verfolgt und den anderen vernachlässigt oder, was noch schlimmer ist, einer der beiden so gesinnt ist und zwar im gleichen Haus wohnt, aber seine Aufmerksamkeit auf etwas anderes richtet und nicht dazu bereit ist, mit seinem Ehepartner an einem Strang zu ziehen oder sich zu einigen, dann ist die Verbindung zum Scheitern verurteilt, und wenngleich sie zusammenleben, so nehmen ihre gemeinsamen Interessen immer mehr ab. Irgendwann trennen sie sich ganz, oder sie bleiben zusammen und leiden stärker, als würden sie allein leben.

***

Deshalb sollten diejenigen, die eine Heirat in Erwägung ziehen, die Herkunft außer Acht lassen, ob einer aus gutem Hause stammt, ebenso das Geld, ob einer große Besitztümer in die Ehe mitbringt, ebenso die körperliche Schönheit. Denn weder Reichtum noch Schönheit noch hohe Geburt eignen sich dazu, die Partnerschaft oder das gegenseitige Verständnis zu fördern, noch sind sie von Bedeutung für die Zeugung von Kindern. Was den Körper betrifft, so genügt es für die Ehe, dass er gesund, von normalem Aussehen und zu harter Arbeit fähig ist, sodass er nicht so sehr zum Ziel von Verführern wird, besser dazu geeignet ist, körperliche Arbeit zu verrichten, und es ihm nicht an Kraft mangelt, Kinder zu zeugen oder zu gebären. Hinsichtlich des Charakters oder der Seele sollten beide besonnen und gerecht und, kurz gesagt, von Natur aus zur Tugendhaftigkeit veranlagt sein. Diese Eigenschaften sollten sowohl der Mann als auch die Frau besitzen. Denn welche Ehe könnte gut und welche Partnerschaft vorteilhaft sein, wenn zwischen Mann und Frau keine geistige und charakterliche Nähe besteht? Wie könnten zwei schlechte Menschen einander im Geiste zugetan sein? Oder wie könnte der eine, der gut ist, mit dem anderen, der schlecht ist, in Harmonie zusammenleben? Ebenso wenig, wie ein krummes Stück Holz zu einem geraden passt oder zwei krumme zusammengefügt werden können. Denn ein krummes Stück passt nicht zu einem anderen krummen und noch viel weniger ein krummes zu einem geraden Stück. So ist ein schlechter Mensch nicht freundlich zu einem anderen schlechten Menschen, noch stimmt er mit ihm überein und noch viel weniger mit einem guten Menschen.

14.

Ist die Ehe ein Hindernis für das Philosophieren?

Als jemand wieder einmal behauptete, die Ehe und das Zusammenleben mit einer Frau schienen ihm ein Hindernis für die Ausübung der Philosophie zu sein, antwortete Musonius, dies sei weder für Pythagoras noch für Sokrates noch für Krates ein Hindernis gewesen, welche alle mit einer Ehefrau zusammengelebt hätten, und es gäbe keine besseren Philosophen als diese. Krates, obgleich obdach- und völlig besitzlos, war dennoch verheiratet; und da er keine eigene Wohnung hatte, verbrachte er seine Tage und Nächte zusammen mit seiner Frau in den öffentlichen Säulengängen Athens. Wie können also wir, die wir ein Haus und einige von uns sogar Diener haben, die für uns arbeiten, es wagen, zu sagen, die Ehe sei ein Hindernis für die Philosophie? Ist doch ein Philosoph Lehrer und Führer der Menschen in allen Dingen, die sich der Natur nach für den Menschen eignen, und was gäbe es, was mehr im Einklang mit der Natur wäre als die Ehe? Denn zu welchem anderen Zweck hätte der Schöpfer der Menschheit unser Menschengeschlecht sonst zuerst in zwei Geschlechter, in ein männliches und ein weibliches, geteilt und dann beiden ein starkes Verlangen nach Vereinigung mit dem anderen eingeflößt, dem männlichen mit dem weiblichen und dem weiblichen mit dem männlichen? Liegt es nicht auf der Hand, dass er wollte, dass die beiden vereint sind und zusammenleben und durch ihrer beider Anstrengungen eine gemeinsame Lebensweise entwickeln und zusammen Kinder zeugen und aufziehen, damit die Menschheit niemals ausstirbt? Sag mir also: Ist es richtiger, wenn ein jeder für sich allein handelt, oder nicht vielmehr, wenn er auch im Interesse seines Nächsten handelt – nicht nur, damit es in der Stadt Häuser gibt, sondern auch, damit die Stadt nicht menschenleer und dem Gemeinwohl am besten gedient wird? Wenn du sagst, dass jeder sich nur um seine eigenen Interessen scheren solle, stellst du den Menschen als etwas dar, das sich nicht von einem Wolf oder einem anderen der wildesten Tiere unterscheidet, die dazu geboren sind, von Gewalt und Raub zu leben, die nichts und niemanden verschonen, wenn sie nur einen Vorteil daraus ziehen können, die kein gemeinsames Leben mit anderen anstreben, ebenso wenig die Zusammenarbeit mit anderen, die keinen Funken Gerechtigkeitssinn besitzen.

Wenn du zustimmst, dass die Natur des Menschen am ehesten der der Biene gleicht, die nicht allein zu leben vermag (denn sie stirbt, wenn sie allein gelassen wird), sondern ihre Kräfte auf die eine gemeinsame Aufgabe ihrer Artgenossen ausrichtet und mit diesen zusammen schuftet und arbeitet. Wenn dies zutrifft und wenn du außerdem erkennst, dass Ungerechtigkeit, Grausamkeit und Gleichgültigkeit gegenüber der Not des Nächsten großes Unheil für den Menschen bedeuten, im Gegensatz dazu brüderliche Liebe, Güte, Gerechtigkeit, Wohltätigkeit und Sorge um das Wohlergehen seines Nächsten als Tugenden anzusehen sind – dann, so sage ich, wäre es die Pflicht eines jeden Menschen, sich um seinen Staat zu kümmern und aus seinem Haus ein Bollwerk zu seinem Schutze zu machen. Aber der erste Schritt auf diesem Wege ist die Ehe. Wer also die menschliche Ehe zerstört, der zerstört die Familie, den Staat und das ganze Menschengeschlecht. Denn dieses hätte keinen Bestand, wenn nicht Kinder gezeugt würden, und es gäbe keine sittsame und rechtmäßige Zeugung von Kindern ohne die Ehe. Dass eine Familie oder ein Staat weder allein aus Frauen noch allein aus Männern bestehen kann, sondern nur durch ihre Verbindung miteinander, ist offensichtlich. Es gibt keine notwendigere und liebevollere Verbindung als die von Mann und Frau. Denn welcher Mann ist seinem Freund so zugetan wie eine liebende Frau ihrem Mann? Welcher Bruder seinem Bruder? Welcher Sohn seinen Eltern? Wer wird in seiner Abwesenheit so sehr vermisst wie ein Ehemann von seiner Frau oder eine Frau von ihrem Mann? Wessen Anwesenheit könnte denn mehr dazu beitragen, Kummer zu lindern, Freude zu vergrößern oder ein Unglück vergessen zu machen? Wem sonst gilt alles als gemeinsam, Leib, Seele und Besitz, außer Mann und Frau? Aus diesen Gründen betrachten alle Menschen die Liebe zwischen Mann und Frau als die höchste Form der Liebe; und kein vernünftiges Elternteil würde sein eigenes Kind mehr lieben als seinen Ehegatten. Wie sehr die Liebe einer Frau zu ihrem Mann die Liebe der Eltern zu ihren Kindern übertrifft, offenbart sich in der Sage von Admetos, welcher von den Göttern das Privileg erhielt, doppelt so lange zu leben, wie ihm ursprünglich erlaubt worden war, so er denn einen anderen dazu bringen könnte, an seiner Stelle zu sterben. Er musste feststellen, dass seine Eltern, obgleich sie schon alt waren, dazu nicht bereit waren, wohingegen seine angetraute Frau Alkestis, obwohl sie noch sehr jung war, bereitwillig den Tod an seiner statt akzeptierte.

Wie großartig und bedeutend die Ehe ist, geht auch daraus hervor, dass Götter über sie wachen, mächtige Götter sogar, in der Wahrnehmung der Menschen – allen voran Hera (und deswegen wird sie als Schutzpatronin der Ehe angerufen), dann Eros, dann Aphrodite, denn wir nehmen an, dass sie die Aufgabe haben, Mann und Frau zur Zeugung von Kindern zusammenzuführen. Wo würde Eros besser hineinpassen als in die rechtmäßige Verbindung von Mann und

Frau? Wo Hera? Wo Aphrodite? Wann wäre es angemessener, zu diesen Gottheiten zu beten, wenn nicht bei der Eheschließung? Was könnte man angemessener als Werk der Aphrodite bezeichnen als die Vereinigung von Frau und Mann? Wie könnte man also glauben, dass diese mächtigen Gottheiten über die Ehe und die Zeugung von Kindern wachen und sie beschützen, wenn diese Dinge sich nicht für Menschen schickten? Warum sollte man meinen, dass sie sich für Menschen schickten, aber nicht für Philosophen? Ist möglicherweise ein Philosoph schlechter als andere Menschen? Mit Sicherheit nicht, sondern besser, gerechter und wahrhaftig gut. Oder wäre etwa ein Mensch, der sich nicht um das Wohl seines Staates kümmert, nicht schlechter und ungerechter als einer, der es tut? Wäre einer, der nur auf seine eigenen Interessen achtet, nicht schlechter als der, der sich um das Gemeinwohl kümmert? Oder ist ein Mann, der sich für ein Leben als Junggeselle entscheidet, patriotischer und mehr Freund und Partner seiner Mitmenschen als der Mann, der eine Familie gründet, Kinder aufzieht und zum Wachstum seines Staates beiträgt, was genau das ist, was ein verheirateter Mann tut? Es liegt daher auf der Hand, dass es für einen Philosophen sehr wohl angemessen ist, zu heiraten und Kinder zu bekommen. Wenn dies aber so ist, wie kann dann deine Behauptung, mein junger Freund, dass die Ehe für einen Philosophen ein Hindernis sei, stichhaltig sein? Sich der Philosophie zu widmen, bedeutet offensichtlich nichts anderes, als mithilfe der Vernunft zu erforschen, was richtig und angemessen ist, und dies anschließend durch Taten in die Praxis umzusetzen. Dies waren also die Worte, die er damals sprach.

15.

Sollte man alle Kinder, die geboren werden, grossziehen?

Ist es nicht so, dass die Gesetzgeber, deren besondere Aufgabe es war, sorgsam zu ergründen, was für den Staat gut und was schlecht ist, was dem Gemeinwohl förderlich und was ihm abträglich ist, es als das Nützlichste für den Staat erachtet haben, dass die Heime ihrer Bürger sich füllten, und haben sie es nicht als schändlich erachtet, wenn jene leer standen? Und hielten sie nicht auch Kinderlosigkeit oder nur wenige Kinder ihrer Bürger für ein Unglück und sprachen von Glück, wenn diese möglichst viele Kinder hatten? Aus diesem Grund verbot man den Frauen die Abtreibung und bestrafte diejenigen, die sich nicht daran hielten; aus diesem Grund hielt man sie davon ab, sich für die Kinderlosigkeit zu entscheiden und Empfängnis zu verhindern, und aus diesem Grund belohnte man Männer und Frauen für Kinderreichtum und bestrafte die Kinderlosigkeit. Wie also wollten wir vermeiden, Unrecht zu tun und das Gesetz zu brechen, wenn wir das genaue Gegenteil von dem tun, was als gut und vorteilhaft seitens der Gesetzgeber gilt, dieser gottgleichen und von den Göttern geliebten Menschen, denen zu folgen als gut und nützlich gilt? Und mit Sicherheit würden wir ihrem Wunsch zuwiderhandeln, wenn wir uns gegen Kinderreichtum entschieden. Wir würden uns ja gegen die Götter unserer Väter und gegen Zeus, den Beschützer des Menschengeschlechts, versündigen, wenn wir dies täten. So wie derjenige, der Fremden gegenüber ungerecht ist, gegen Zeus sündigt, den Gott der Gastfreundschaft. Und so wie der,

der seine Freunde ungerecht behandelt, gegen Zeus, den Gott der Freundschaft, sündigt, so sündigt auch derjenige, der seiner eigenen Familie gegenüber ungerecht ist, gegen die Götter seiner Väter und gegen Zeus, den Hüter der Familie, dem das Unrecht, das der Familie angetan wird, nicht verborgen bleibt. Und mit Sicherheit ist derjenige, der sich gegen die Götter versündigt, gottlos.

Dass es ehrenvoll und nützlich ist, viele Kinder aufzuziehen, kann man allein schon daraus schließen, dass einem kinderreichen Mann in der Stadt Ehre erwiesen wird, dass er sich des Respekts seiner Nachbarn gewiss sein kann, dass er mehr Einfluss hat als ihm sonst Gleichgestellte, die aber nicht gleichermaßen mit Kindern gesegnet sind. Ich brauche wohl nicht zu erwähnen, dass ein Mann, der viele Freunde hat, viel mächtiger ist als einer, der keine Freunde aufweisen kann, und so ist auch ein Mann, der viele Kinder hat, mächtiger als einer, der keine oder nur wenige Kinder gezeugt hat, oder vielmehr bedeutend mächtiger, denn ein Sohn ist einem näher als ein Freund.

Man darf auch anmerken, welch schöner Anblick es ist, einen Mann oder eine Frau umgeben von ihren Kindern zu sehen. Es gibt wohl keinen schöneren Umzug zu Ehren der Götter und keinen sehenswerteren Tanz während einer religiösen Feier als eine Gruppe von Kindern, die in der Stadt ihrer Geburt als Ehrenwache an der Seite ihres Vaters oder ihrer Mutter schreiten, die Eltern an der Hand führen oder sie auf andere Weise pflichtbewusst betreuen. Was gibt es Schöneres als diesen Anblick? Wer wäre beneidenswerter als ihre Eltern, besonders dann, wenn sie auch noch gute Menschen sind? Für wen würde man wohl lieber um den Segen der Götter beten, oder wem würde man eher in der Not beistehen?

»Sehr richtig«, sagst du, »aber ich bin ein armer Mann und ganz mittellos, und hätte ich viele Kinder, woher sollte ich die Nahrung für sie alle nehmen?« Aber bitte, wie füttern die kleinen Vögel, die viel ärmer sind als du, ihre Jungen, die Schwalben, Nachtigallen, Lerchen und Amseln? Homer beschreibt sie mit diesen Worten:

> *So wie ein Vogel seinen noch ungefiederten Jungen jedweden Leckerbissen zukommen lässt, dessen er habhaft wird, auch wenn es ihm selbst schlecht ergeht ...*

Sind diese Lebewesen intelligenter als der Mensch? Das würdest du sicher verneinen. Haben sie also mehr Kraft und Ausdauer? Nein, dies noch viel weniger. Nun, legen sie dann Nahrung zurück und horten sie? Keineswegs, und doch ziehen sie ihre Jungen auf und sorgen für den Unterhalt aller, die ihnen geboren werden. Der Einwand der Armut ist also unberechtigt.

Was mir aber am ungeheuerlichsten erscheint, ist, dass einige, die nicht einmal Armut als Entschuldigung vorweisen können, trotz Wohlstands und manche sogar trotz Reichtums so unmenschlich sind, dass sie später geborene Kinder nicht aufziehen, damit die früher Geborenen zu mehr Wohlstand kommen. Durch dieses Verbrechen versuchen sie, den Wohlstand für ihre überlebenden Kinder zu mehren. Damit diese also einen größeren Anteil am Erbe ihres Vaters erhalten, berauben ihre Eltern sie ihrer Brüder, weil sie nie gelernt haben, dass es besser ist, viele Brüder zu haben, als großen Reichtum zu besitzen. Denn Reichtum erregt den Neid der Nachbarn, vor großen Familien aber scheuen Neider zurück. Besitztümer brauchen Schutz und Brüder sind die besten Beschützer. Ein Bruder ist selbst mit einem guten Freund nicht zu vergleichen noch die Hilfe, die er zuteilwerden lässt, mit der, die andere, Freunde und Gleichgestellte, leisten. Und was wäre wohl besser als die Zuneigung eines Bruders als Sicherheitspfand? Mit wem ließe sich gemeinsamer Besitz trefflicher teilen als mit einem guten Bruder? Wen würde man sich im Unglück mehr herbeisehnen als einen solchen Bruder? Ich für meinen Teil halte denjenigen für den Beneidenswertesten von allen, der inmitten einer Schar gleichgesinnter Brüder lebt, und derjenige wird von den Göttern am meisten geliebt, dessen Familie diese Segnungen aufweist. Deshalb glaube ich, dass ein jeder von uns viel eher versuchen sollte, seinen Kindern Brüder als Grundlage für ein glückliches Leben zu hinterlassen als Geld.

16.

Muss man seinen Eltern unter allen Umständen gehorchen?

Ein junger Mann, der Philosophie studieren wollte, aber von seinem Vater daran gehindert wurde, stellte ihm diese Frage: »Sag mir, Musonius, muss man seinen Eltern ohne Einschränkungen gehorchen, oder gibt es Umstände, die es erlauben, ungehorsam zu sein?« Und Musonius Rufus antwortete: Dass jeder seiner Mutter und seinem Vater gehorchen soll, erscheint mir gut und richtig, und ich empfehle es eindringlich. Doch lass uns einmal prüfen, was es mit dem Gehorsam auf sich hat oder, besser gesagt, was das Wesen des Ungehorsams ist, und lass uns überlegen, wer der Ungehorsame ist, wenn wir so besser verstehen können, was das Wesen des Gehorsams ist.

Nehmen wir nun diesen Fall: Wenn ein Vater, der kein Arzt ist und keinerlei Erfahrung in Sachen Gesundheit oder Krankheit hat, seinem kranken Sohn etwas verordnet, das abträglich und schädlich ist, und der Sohn sich dessen bewusst ist, dann ist er doch nicht ungehorsam, wenn er den Rat seines Vaters nicht befolgt, oder? Das scheint doch nicht der Fall zu sein. Oder nehmen wir einmal an, der Vater wäre selbst erkrankt und verlangte Wein und Speisen, die er nicht zu sich nehmen sollte und die wahrscheinlich seine Krankheit verschlimmern würden, wenn er sie zu sich nähme, und sein Sohn, der sich dessen bewusst ist, würde sie ihm nicht geben, so ist er doch nicht ungehorsam gegenüber seinem Vater, oder? Sicherlich nicht. Und doch glaube ich, dass man denjenigen für noch weit weniger ungehorsam halten würde, der von seinem raffsüchtigen Vater den Befehl erhält, zu stehlen oder Gelder, die ihm anvertraut worden sind, zu veruntreuen, und der diesen Befehl nicht ausführt. Oder glaubst du, dass es keine Väter gibt, die ihren Kindern solche Befehle erteilen? Nun, ich kenne sogar einen Vater, der so verdorben war, dass er seinen Sohn, der durch jugendliche Schönheit auffiel, in ein Leben voller Schande verkaufte. Wenn nun dieser Junge, der von seinem Vater verkauft und in ein solches Leben geschickt wurde, sich geweigert hätte – würden wir dann behaupten, er sei ungehorsam gewesen, oder eher, dass er einen reinen und sittlichen Charakter bewiesen hat? Es ist wohl kaum nötig, diese Frage überhaupt zu stellen.

Gewiss, die Begriffe »Ungehorsam« und »der Ungehorsame« sind verbunden mit Vorwurf und Schande, aber wenn man sich weigert, etwas zu tun, was man nicht tun sollte, so verdient man dafür eher Lob als Tadel. Wenn also ein Vater, ein Vorgesetzter oder gar ein Tyrann etwas Falsches, Ungerechtes oder Schändliches befiehlt und man diesen Befehl nicht ausführt, ist man keineswegs ungehorsam, denn man tut weder Unrecht, noch unterlässt man das Rechte. Ungehorsam ist nur derjenige, der gute, ehrenhafte und nützliche Befehle missachtet und sich weigert, sie auszuführen. So jemand ist ein ungehorsamer Mensch.

Der Gehorsame aber ist das genaue Gegenteil davon, er verhält sich gegensätzlich; er ist die Art von Mensch, die guten Rat bereitwillig befolgt. So jemand ist ein gehorsamer Mensch. So ist man gleichermaßen gegenüber seinen Eltern gehorsam, wenn man bereitwillig ihren guten und richtigen Ratschlägen folgt. Ich würde sogar sagen, dass derjenige, der das Richtige und Angemessene tut, seinen Eltern gehorcht – auch ohne dass diese es ihm geraten hätten. Und mit dem Folgenden möchte ich meine Argumentation untermauern. Meiner Meinung nach gehorcht derjenige, der das tut, was sein Vater wünscht, und der somit dem Wunsch seines Vaters folgt, seinem Vater. Und derjenige, der das tut, was er tun sollte und was besser ist, folgt dem Wunsch seines Vaters. Wie kommt das? Weil allen Eltern das Wohl ihrer Kinder am Herzen liegt und sie aus diesem Grund wollen, dass sie das für sie Richtige und Gute tun. Wer also das Richtige und Nützliche tut, tut das, was seine Eltern wünschen, und ist damit seinen Eltern gegenüber gehorsam, auch wenn seine Eltern ihm nicht ausdrücklich aufgetragen haben, es zu tun. Nur dieses und nichts anderes sollte derjenige in Betracht ziehen, der seinen Eltern in allem gehorchen will – ob das, was er zu tun gedenkt, gut und nützlich ist. Denn wenn es so ist, so stimmt diese Handlung, woraus auch immer sie bestehen mag, mit den Wünschen seiner Eltern überein und er erweist sich durch diese Tat als gehorsam.

Also fürchte nicht, mein junger Freund, dass du deinem Vater ungehorsam bist, wenn dein Vater dir aufgibt, etwas zu tun, was nicht recht ist, und du es unterlässt oder wenn er dir verbietet, etwas zu tun, was recht ist, und du es trotzdem tust. Lass dir von deinem Vater keine Ausrede für dein Fehlverhalten geben, ob er dir nun etwas Unrechtes gebietet oder dir das Rechte verbietet. Denn nichts kann dich dazu zwingen, üblen Anordnungen Folge zu leisten, und das scheint dir selbst auch nicht fremd zu sein. Du würdest deinem Vater in Dingen der Musik gewiss nicht Folge leisten, wenn er, der von Musik nichts versteht, dir befehlen würde, die Leier falsch zu spielen, oder wenn er nichts von Grammatik verstünde, du aber schon, und er dir befehlen würde, nicht so zu schreiben und zu lesen, wie du es gelernt hast, sondern anders; und schließlich, wenn er, der sich nicht auf das Steuern eines Schiffes versteht, dir befehlen würde, das Ruder falsch zu bedienen, würdest du nicht auf ihn hören. Nun denn, genug davon.

Wenn nun dein Vater, der nichts von der Sache versteht, dir, der du gelernt und verstanden hast, was Philosophie ist, verbieten würde, Philosophie zu studieren, wärst du dann verpflichtet, ihm zu gehorchen, oder wärst du nicht vielmehr verpflichtet, ihn besser zu belehren, da er dir schlechte Ratschläge erteilt? Das scheint mir die Antwort zu sein. Vielleicht kann man den Vater allein mithilfe vernünftiger Argumente dazu bewegen, sich in der Philosophie so zu verhalten, wie er es sollte, wenn der Vater nicht allzu starrsinnig ist. Sollte er sich aber durch gute Argumente nicht überzeugen lassen und nicht nachgeben, so wird ihn doch das Handeln seines Sohnes erkennen lassen, dass dieser richtig lag, wenn er die gelernte Philosophie in die Praxis umsetzt. Denn ein Philosophiestudent wird gewiss eifrigst darauf bedacht sein, seinen eigenen Vater mit der größtmöglichen Rücksicht zu behandeln, und er wird sich sehr gut benehmen und sanftmütig sein. Er wird seinem Vater gegenüber niemals streitsüchtig oder eigensinnig sein, auch nicht voreilig oder aufbrausend. Vielmehr wird er seine Zunge und seinen Appetit beherrschen – sei es in Bezug auf Nahrung oder in Bezug auf sexuelle Verlockungen – und er wird auch angesichts von Gefahr und Nöten standhaft bleiben. Und letztlich wird er mit der Befähigung, das wahre Gute erkennen zu können, das nur scheinbar Gute nicht ungeprüft durchgehen lassen. Infolgedessen wird er um seines Vaters willen bereitwillig auf alle Vergnügungen verzichten, und für ihn wird er bereitwillig alle Arten von Mühsal auf sich nehmen. Wer würde, wenn er einen solchen Sohn hätte, nicht den Göttern danken? Wer würde, wenn er einen solchen Sohn hätte, ihn nicht lieben, weil jeder vernunftbegabte Mensch ihn darum beneiden und als glücklich preisen würde?

Wenn du also, mein junger Freund, mit dem Ziel, ein solcher Mann zu werden – was du sicherlich sein wirst, wenn du die Lektionen der Philosophie wirklich beherrschst –, deinen Vater trotz allem nicht dazu bewegen kannst, dir zu erlauben, das zu tun, was du wünschst, und es dir auch nicht gelingt, ihn zu überreden, dann überlege Folgendes: Dein Vater verbietet dir, Philosophie zu studieren, aber der gemeinsame Vater aller Menschen und Götter, Zeus, befiehlt und gebietet es dir. Sein Gebot und Gesetz ist, dass der Mensch gerecht und ehrlich, wohltätig, besonnen, hochgesinnt, dem Schmerz und dem Vergnügen überlegen, frei von Neid und Bosheit sein soll; kurz gesagt, das Gesetz des Zeus gebietet dem Menschen, tugendhaft zu sein. Aber tugendhaft und ein Philosoph zu sein, ist dasselbe. Wenn du deinem Vater gehorchst, wirst du dem Willen eines Menschen folgen; wenn du das Leben eines Philosophen wählst, dem Willen Gottes. Es ist daher offenkundig, dass es deine Pflicht ist, dem Pfad der Philosophie zu folgen.

Aber, so sagst du, dein Vater wird dich zurückhalten und dich sogar einsperren, um dein Studium der Philosophie zu verhindern. Vielleicht wird er das tun, aber er wird dich nicht daran hindern, dich der Philosophie zu widmen, es sei denn, du gibst dich geschlagen. Wir studieren die Philosophie doch nicht mit unseren Händen oder Füßen oder irgendeinem anderen Teil des Körpers, sondern mit der Seele und von dieser mit einem sehr kleinen Teil, den wir die Vernunft nennen können. Diesem hat Gott den sichersten Platz zugewiesen, damit er unsichtbar und unantastbar ist – frei von jedem äußeren Zwang – und sich nur seiner eigenen Kraft bedient. Und wenn dein Verstand funktioniert, so wird dein Vater weder verhindern können, dass du ihn gebrauchst, noch, dass du über deine Ziele nachdenkst, noch, dass du das Gute bevorzugst und das Schlechte ablehnst, noch, dass du das eine wählst und das andere meidest. Allein dadurch, dass du dies tust, würdest du Philosophie studieren, und du müsstest dich weder in einen verschlissenen Mantel hüllen noch auf ein Gewand verzichten noch dir lange Haare wachsen lassen noch von den gewöhnlichen Praktiken eines Durchschnittsmenschen abweichen. Gewiss, diese äußeren Dinge eignen sich gut für Philosophen, aber nicht sie machen das Philosophieren aus, sondern zu überlegen, was die Pflichten des Menschen sind, und über diese nachzudenken.

17.

Was ist die beste Wegzehrung für das Alter?

Als ihn einmal ein alter Mann fragte, was die beste Wegzehrung für das Alter sei, sagte er: genau dieselbe, die auch für die Jugend die beste ist, nämlich nach festen Grundsätzen und im Einklang mit der Natur zu leben. Du wirst am besten verstehen, was das bedeutet, wenn du dir klarmachst, dass der Mensch nicht dazu erschaffen wurde, sich zu vergnügen. Denn auch das Pferd, der Hund oder das Rind wurden nicht dazu erschaffen, sich zu vergnügen, und all diese Geschöpfe sind viel weniger wert als der Mensch. Gewiss würde man nicht behaupten, dass ein Pferd seine Bestimmung erfüllt hat, wenn es nach Belieben frisst, trinkt, sich paart und nichts von dem tut, was die eigentliche Aufgabe eines Pferdes ist; ebenso wenig würde ein Hund seine Bestimmung erfüllen, wenn er wie das Pferd einfach alle Arten von Vergnügungen genösse und nichts von dem täte, wozu Hunde gut sind; ebenso wenig würde ein anderes Tier seine Bestimmung erfüllen, wenn man es von den ihm zukommenden Aufgaben abhielte und ihm erlaubte, sich Vergnügungen hinzugeben. Kurz gesagt, es lebt nur dasjenige Tier im Einklang mit der Natur, das durch seine Handlungen die Vortrefflichkeit zeigt, die seiner speziellen Natur zu eigen ist. Denn die Natur eines jeden Lebewesens führt es zu der ihm eigenen Vortrefflichkeit.

Folglich ergibt es keinen Sinn, anzunehmen, dass ein Mensch, der ein Leben voller Vergnügungen führt, im Einklang mit der

Natur leben würde. Das ist vielmehr dann der Fall, wenn er ein tugendhaftes Leben führt. Dann nämlich wird er zu Recht gelobt und kann stolz auf sich sein, darf zuversichtlich und voller Mut sein, Eigenschaften, aus denen sich notwendigerweise Frohsinn und heitere Freude ergeben. Überhaupt gleicht von allen Geschöpfen auf der Erde allein der Mensch Gott und besitzt die gleichen Tugenden wie dieser. Denn wir können uns auch bei den Göttern nichts Besseres vorstellen als Weisheit, Gerechtigkeit, Tapferkeit und Mäßigung. Wie also Gott durch den Besitz dieser Tugenden weder von der Lust noch von der Gier überwältigt wird, wie er über Begierde, Neid und Eifersucht erhaben ist, wie er hochgesinnt, wohltätig und gütig ist (denn so stellen wir uns Gott vor), so muss man den Menschen für sein Ebenbild halten, wenn er im Einklang mit der Natur lebt und ihm ähnlich ist; und wenn er ihm ähnlich ist, ist er nachahmenswert, und wenn er nachahmenswert ist, so wird er unverzüglich auch glücklich sein, denn wir wollen niemand anderen nachahmen als den Glücklichen.

In der Tat ist es nicht unmöglich, dass ein Mensch so sein könnte. Denn wenn wir Menschen begegnen, die wir göttlich und gottähnlich nennen, müssen wir uns nicht einbilden, dass diese Tugenden woanders herkommen als aus der dem Menschen eigenen Natur. Wenn man sich also durch glückliche Umstände bereits in der Jugend um den richtigen Unterricht bemüht und alle Lehren, die man für gut hält, sowie deren praktische Anwendung gründlich angeeignet hat, so würde ein solcher Mensch im Alter, indem er diese inneren Mittel nutzt, im Einklang mit der Natur leben. Und er würde den Verlust der Vergnügungen der Jugend klaglos ertragen und sich auch nicht über die Schwäche seines Körpers ärgern, ebenso wenig würde er sich ärgern, wenn er von seinen Nachbarn beleidigt oder von seinen Verwandten und Freunden vernachlässigt würde, da er für so etwas ein gutes Gegenmittel in seinem eigenen Geist besäße, nämlich seine frühere Ausbildung. Wenn aber jemand früher weniger umfassend unterwiesen wurde, jedoch danach strebt, seine Bildung zu verbessern, und sich dazu fähig zeigt, gut gesprochenen Worten zu folgen, so würde er gut daran tun, danach zu streben, sich relevante Vorträge von denen anzuhören, die es sich zur Aufgabe gemacht haben, zu wissen, was schädlich und was hilfreich für die Menschen ist, auf welche Weise man Ersteres vermeidet und Letzteres erlangt und wie man gelassen Dinge hinnimmt, die einem widerfahren und die zwar als Übel erscheinen, die aber in Wahrheit kein Übel sind. Wenn er sich dies anhört und danach handelt (denn diese Dinge zu hören, ohne danach zu handeln, hätte absolut keinen Nutzen), wird er sehr gut mit dem Alter zurechtkommen, insbesondere wird er sich von der Angst vor dem Tod befreien, die die Alten mehr als alles andere erschrickt und quält, als ob sie vergessen hätten, dass der Tod jeden Menschen ereilen wird. Es ist jedoch sicher, dass das, was den Alten das Leben am meisten zur Qual macht, eben dies ist: die Angst vor dem Tod, wie schon der Redner Isokrates zugegeben hat. Denn es wird erzählt, dass er, als man ihn fragte, wie es ihm gehe, antwortete, dass es ihm so gut gehe, wie es für einen Mann von 90 Jahren angemessen sei, dass er aber den Tod für das schlimmste aller Übel halte. Wie hätte dieser Mann auch nur den geringsten Hauch von Wissen oder Erkenntnis über das wahre Gute und Böse besitzen können, wenn er etwas als ein Übel ansah, das notwendigerweise selbst dem besten Leben folgt? Das beste Leben, da wirst du mir zustimmen, ist das eines wahrlich guten Menschen, und doch erwartet auch einen solchen Menschen am Ende der Tod.

Wenn es also, wie ich schon sagte, jemandem im Alter gelingen sollte, die Lektion zu meistern, den Tod ohne Furcht und mutig zu erwarten, dann hätte er einen nicht geringen Teil dessen gelernt, wie man klaglos und im Einklang mit der Natur leben kann. Dies kann er erreichen, indem er mit wahren Philosophen verkehrt, nicht mit denen, die dies nur dem Namen nach sind, und wenn er bereit ist, ihren Lehren zu folgen. Somit sage ich euch, dass die beste Wegzehrung für das Alter das ist, was ich schon eingangs erwähnt habe: im Einklang mit der Natur zu leben, indem man tut und denkt, was man soll. Denn so kann ein alter Mensch am fröhlichsten sein und die Anerkennung der anderen gewinnen und somit glücklich und in Ehren leben. Wer aber meint, Reichtum sei der größte Trost im Alter und sein Erwerb bedeute ein Leben ohne Sorgen, der irrt gewaltig. Reichtum vermag dem Menschen die Freuden des Essens und Trinkens und anderer sinnlicher Genüsse zu verschaffen, aber niemals kann er bei dem, der ihn besitzt, Gemütsruhe oder die Freiheit von Sorgen bewirken. Das bezeugen viele reiche Leute, die voller Kummer und Verzweiflung sind und sich selbst für unglücklich halten – Beweis genug, dass Reichtum keine gute Absicherung für das Alter ist.

18.

Über die Ernährung

Über das Thema Ernährung pflegte er häufig und äußerst nachdrücklich zu sprechen, in der Ansicht, es sei eine Frage von nicht geringer Bedeutung, die nicht unwichtige Folgen nach sich ziehe. In der Tat glaubte er, dass der Anfang und die Grundlage der Selbstbeherrschung in der Mäßigung beim Essen und Trinken liegen. Einmal ließ er andere Themen, die er für gewöhnlich erörterte, ganz beiseite und sprach in etwa wie folgt.

So wie man preiswerte Lebensmittel den teuren vorziehen sollte und die im Überfluss vorhandenen jenen, die knapp sind, sollte man auch das für den Menschen Geeignete dem Ungeeigneten vorziehen. Nahrung aus Pflanzen ist für uns geeignet, also Getreide und solche Pflanzen, die, obwohl sie kein Getreide sind, den Menschen gut ernähren können, darüber hinaus Nahrungsmittel (außer Fleisch) von Tieren, die domestiziert sind. Von diesen Nahrungsmitteln sind diejenigen besonders gut geeignet, die sofort und ohne Feuer verwendet werden können, da sie am leichtesten verfügbar sind, zum Beispiel Früchte der Saison, einige Gemüsesorten, Milch, Käse und Honig. Auch diejenigen, die zur Zubereitung Feuer benötigen, ob Getreide oder Gemüse, sind nicht ungeeignet, sondern allesamt für den Menschen geeignete Nahrungsmittel. Dagegen zeigte er auf, dass Fleisch ein weniger zivilisiertes Nahrungsmittel und eher für wilde Tiere geeignet sei. Er meinte, es sei schwerer verträglich und dem Denken und der Vernunft hinderlich, da die von ihm aufsteigenden Ausdünstungen die Seele verdunkeln. Aus diesem Grund schienen ihm auch die

Menschen, die es in größerem Umfang zu sich nehmen, einen langsameren Verstand zu haben.

Weiterhin erklärte er, dass der Mensch, der von allen Geschöpfen auf der Erde den Göttern am nächsten verwandt sei, sich auf eine Weise ernähren sollte, die jener der Götter am ähnlichsten sei. Die Dämpfe, die aus der Erde und dem Wasser aufsteigen, genügten ihnen, und so, sagte er, sollten wir uns von der Nahrung ernähren, die diesen am ähnlichsten sei, die leichteste und reinste Art der Nahrung, denn dann würden unsere Seelen rein und trocken sein – und damit am feinsten und weisesten, wie Heraklit meinte, als er sagte: »Die klare, trockene Seele ist am weisesten und besten.«

Nun aber, sagte Musonius Rufus, ernähren wir uns viel schlechter als die vernunftlosen Tiere. Denn auch wenn diese, vom Appetit wie von einer Peitsche getrieben, über ihre Nahrung herfallen, so machen sie sich doch nicht schuldig, großes Aufheben darum zu machen und sich in Raffinesse zu üben, sondern sie begnügen sich mit dem, was sich ihnen bietet, und streben nur nach Sättigung, nach nichts weiter. Wir aber ersinnen alle möglichen Künste und Verfahren, um das Essen schmackhaft und das Hinunterschlucken angenehmer zu machen. Wir haben es mit der Schlemmerei und der Feinschmeckerei so weit getrieben, dass einige Menschen in Anlehnung an Bücher über Musik und Medizin sogar Bücher über das Kochen geschrieben haben, die darauf abzielen, die Gaumenfreude zu steigern, die aber die Gesundheit ruinieren.

Auf jeden Fall lässt sich allgemein beobachten, dass diejenigen, die üppig und maßlos essen, eine viel schlechtere Gesundheit besitzen. Manche haben in der Tat wie schwangere Frauen unnatürliche Verlangen; diese Männer verweigern ebenso wie solche Frauen die gewöhnlichsten Speisen und ihre Verdauung wird völlig ruiniert. So wie abgenutztes Eisen ständig geschärft werden muss, so verlangt ihr Appetit danach, ständig gereizt zu werden, sei es durch einen guten Wein oder eine scharfe Soße oder durch Essig. Zu diesen Menschen gehörte jedoch nicht der Lakonier, der, als er einen Mann sah, der sich weigerte, einen jungen Pfau oder einen anderen teuren Vogel zu essen, der ihm vorgesetzt wurde, und der sich beklagte, er könne nicht essen, weil ihm der Appetit fehle, bemerkte: »Aber ich könnte von einem Geier oder einem Bussard essen.« Zenon von Kition war sogar, als er krank war, der Meinung, dass man ihm keine ungewöhnlich feinen Speisen bringen solle, und als der behandelnde Arzt anordnete, er solle eine junge Taube zu essen bekommen, ließ er es nicht zu und sagte: »Behandelt mich, wie ihr meinen Sklaven Manes behandeln würdet.« Ich kann mir vorstellen, dass er der Ansicht war, dass er bei seiner Behandlung nichts Delikateres erhalten solle als seine Sklaven, wenn er krank sein sollte; denn wenn diese geheilt werden können, ohne delikateres Essen zu bekommen, so könnten wir das auch. Sicherlich sollte ein tugendhafter Mensch nicht verwöhnter sein als ein Sklave; und aus diesem Grund dachte Zenon sehr wahrscheinlich, dass er sich vor jedem Luxus in der Ernährung hüten und ihm nicht im Geringsten nachgeben sollte. Denn wenn er in dieser Hinsicht erst einmal nachgeben würde, so würde er dem bald schon ganz verfallen, weil sich in Sachen Essen und Trinken die Sinnenfreude in erschreckendem Tempo steigert. Die Worte, die er bei dieser Gelegenheit über Essen und Ernährung sprach, erschienen uns ungewöhnlicher als die üblichen, alltäglichen Reden.

***

Vollkommen schändlich sind Schlemmerei und Feinschmeckerei, so pflegte er zu sagen, und niemand wird es wagen, dies zu bestreiten. Und doch habe ich nur wenige Menschen gesehen, die sich bemühten, diesen Lastern zu entgehen. Im Gegenteil, nach meiner Beobachtung gieren die meisten Menschen auch dann nach solchen Speisen, wenn sie nicht verfügbar sind; und wenn sie verfügbar sind, können sie sich ihrer nicht enthalten und nehmen sie in so verschwenderischem Maße zu sich, dass sie damit ihrer Gesundheit schaden. Was aber ist die Schlemmerei anderes als Maßlosigkeit bei Speis und Trank, die den Menschen dazu bringt, bei der Nahrung das Angenehme dem Nützlichen vorzuziehen? Die Feinschmeckerei ist nichts anderes als Maßlosigkeit beim Luxus am Tisch. Nun ist Maßlosigkeit immer ein Übel, aber hier offenbart sie ganz besonders ihr wahres Wesen, denn sie lässt diese Menschen so gierig wie Schweine oder Hunde werden und unfähig, sich angemessen zu verhalten – mit ihren Händen, ihren Augen oder ihrem Schlund –, so sehr verdirbt sie das Verlangen nach dem Genuss von Leckerbissen.

Wie schändlich ein solches Verhalten beim Essen ist, können wir daraus ersehen, dass man sie eher mit vernunftlosen Tieren als mit intelligenten Menschen vergleichen kann. Und wenn dies nun schändlich ist, so muss das Gegenteil im Großen und Ganzen gut sein, nämlich sich beim Essen in Mäßigung und Anstand zu üben und vor allem dort die eigene Selbstbeherrschung zu beweisen. Das ist nicht leicht, sondern erfordert viel Aufmerksamkeit und Übung. Doch warum das alles? Schließlich gibt es doch viele Lüste, die den Menschen zu Verfehlungen verführen und ihn zwingen, ihnen zu seinem Schaden nachzugeben, doch die am schwersten zu bekämpfende ist wohl die Fresslust. Denn andere Lüste begegnen uns seltener und mancher können wir uns monate- und jahrelang enthalten, von dieser aber werden wir zwangsläufig jeden Tag in Versuchung geführt, meist sogar zweimal am Tag, weil der Mensch anders nicht leben kann. Je öfter wir also von der Lust am Essen verführt werden, desto mehr Gefahren sind damit verbunden.

In der Tat gibt es bei jeder Mahlzeit nicht nur eine Gefahr, Verfehlungen zu begehen, sondern viele. Zunächst verhält sich verkehrt, wer mehr isst, als er nötig hat, und ebenso der, der in unangemessener Eile isst, und auch der, der übermäßig in Essiggurken und Soßen schwelgt, sowie der, der die süßen Speisen den gesünderen vorzieht, und auch der, der seinen Gästen nicht dieselbe Art und Menge an Speisen serviert wie sich selbst. Im Zusammenhang mit dem Essen können wir noch etwas falsch machen, und zwar, wenn wir es zu einer unpassenden Zeit genießen, wenn wir also etwas anderes zu tun hätten, dies aber beiseiteschieben, um zu essen.

Da mit dem Essen nun diese und noch mehr Verfehlungen verbunden sind, muss jemand, der Selbstbeherrschung zeigen will, frei von allen sein und er darf sich keine von ihnen zuschulden kommen lassen. Um im Verhalten tadellos zu bleiben und sich frei von solchen Fehlern zu halten, sollte man sich durch ständige Übung daran gewöhnen, Speisen nicht zum Genuss, sondern zur Ernährung zu sich zu nehmen, nicht um den Gaumen zu kitzeln, sondern um den Körper zu stärken. Denn der Rachen wurde als Durchgang für die Nahrung und nicht als Organ des Genusses geschaffen, und der Magen dient demselben Zweck wie die Wurzeln einer Pflanze. So, wie die Wurzel die Pflanze ernährt, indem sie Nahrung aus der Umgebung aufnimmt, so ernährt der Magen das Lebewesen mit den Speisen und Getränken, die ihm zugeführt werden. Und wie die Pflanzen Nahrung erhalten, damit sie überleben und nicht zu ihrem Vergnügen, so ist die Nahrung für uns Menschen ein Mittel zum Leben. Daher ist es angebracht, dass wir essen, um zu leben, und nicht, um Vergnügen daraus zu schöpfen, jedenfalls wenn wir uns an die weisen Worte von Sokrates halten wollen, der sagte, dass die meisten Menschen leben, um zu essen, er aber esse, um zu leben. Denn niemand, der vernunftbegabt ist und ein anständiger Mensch sein will, wird es für wünschenswert halten, wie die Mehrheit zu leben, um zu essen, und wie sie das Leben mit der Jagd nach dem Genuss von Nahrung zu verbringen.

Dass Gott, der den Menschen geschaffen hat, ihn mit Speis und Trank versorgte, um sein Leben zu erhalten, und nicht, um ihm Vergnügen zu bereiten, kann man hieraus sehr gut erkennen: Wenn die Nahrung ihre eigentliche Funktion erfüllt, nämlich im Prozess der Verdauung und der Aufnahme der Nährstoffe, bereitet sie dem Menschen keinerlei Vergnügen. Innerhalb dieser Zeit werden wir ernährt und gestärkt, aber wir empfinden dabei kein Lustgefühl; und dabei dauert dieser Vorgang länger als das Essen. Wenn Gott das Essen als Vergnügen für uns geplant hätte, hätte er es uns sicherlich für eine längere Zeit genießen lassen und nicht nur für den kurzen Moment, wenn wir die Nahrung hinunterschlucken. Und doch werden für diesen kurzen Moment des Genusses unzählige Leckerbissen zubereitet, das Meer wird von einem Ende zum andern befahren, Köche sind gefragter als Bauern, manche verprassen sogar den Wert ganzer Landgüter, um ihre Tische zu decken, obwohl ihr Körper von der Kostbarkeit der Speisen gar nicht profitiert. Ganz im Gegenteil, die Menschen, die sich am einfachsten und billigsten ernähren, sind die kräftigsten. In der Tat kann man feststellen, dass Sklaven in der Regel stärker sind als ihre Herren, Landbewohner stärker als Städter, Arme stärker als Reiche und besser in der Lage, harte Arbeit zu verrichten. Ihre Arbeit ermüdet sie auch weniger, sie sind seltener krank und ertragen Kälte, Hitze, Schlafmangel und ähnliche Strapazen leichter. Und selbst wenn teure und billige Nahrung den Körper gleich gut stärken sollten, so sollte man doch die billigere Nahrung wählen, weil sie der Mäßigung förderlicher und für einen tugendhaften Menschen geeigneter ist. Im Allgemeinen ist für Menschen mit Verstand und Vernunft in Bezug auf die Nahrung das, was leicht zu beschaffen ist, besser als das, was schwer zu beschaffen ist, das, was keine Arbeit erfordert, besser als das, was Arbeit erfordert, und das, was verfügbar ist, besser als das, was nicht zur Hand ist.

Aber um das Thema Ernährung kurz zusammenzufassen: Ich behaupte, dass ihr Zweck darin bestehen sollte, Gesundheit und Kraft hervorzubringen, dass man zu diesem Zweck nur das essen sollte, was keinen großen Aufwand erfordert, und schließlich, dass man bei Tisch auf gute Manieren und auf Mäßigung achten sollte sowie darauf, sich nicht zu beschmutzen und sich nicht der gefräßigen Hast schuldig zu machen.

19.

Über Kleidung und Obdach

Das waren seine Ansichten über Ernährung. Weiterhin empfahl er, den Körper angemessen zu bedecken, nicht mit teurer und überflüssiger Kleidung, denn Kleidung und Schuhe sollten getragen werden wie eine Rüstung – zum Schutze des Körpers, nicht zur Schau. So wie die stärksten Waffen am geeignetsten sind, den Träger zu schützen, und nicht diejenigen, die mit ihrem Glanz die Blicke auf sich ziehen, so ist auch das Kleidungsstück oder der Schuh, der am zweckmäßigsten ist, am besten und nicht das, was die Narren dazu bringt, sich umzudrehen und zu starren. Denn Kleidung soll das von ihr Bedeckte nicht schwächer und schlechter erscheinen lassen, als es ist, sondern besser und stärker. Jene, die ihren Körper durch Kleidung glatt und zart erscheinen lassen, rücken ihn so ins schlechte Licht, denn ein verwöhnter und weicher Körper ist offenkundig weitaus schlechter als ein robuster und von harter Arbeit gezeichneter. Die aber, die den Körper durch ihre Kleidung stärken und kräftigen, sind fürwahr die Einzigen, die den so bedeckten Körperteilen einen Nutzen verschaffen. Seinen Körper mit vielen Kleidungsstücken zu bedecken, ihn straff zu umwickeln und die Hände und Füße durch eng anliegende Handschuhe oder Schuhe zu verweichlichen, verbessert nicht das Erscheinungsbild des Körpers, es sei denn, er ist krank. Es ist überhaupt nicht gut, nicht zu frieren oder zu schwitzen, man sollte hingegen zu einem gewissen Grade die Kälte des Winters und ebenso die Hitze der Sommersonne spüren und so wenig wie möglich im Schatten Schutz suchen. Nur einen Chiton zu tragen, ist besser, als zwei zu benötigen, und noch besser, als einen zu tragen, ist es, gar keinen zu benötigen, sondern nur ein Obergewand. Auch ist es besser, barfuß zu gehen, als Sandalen zu tragen, wenn man es kann, denn Sandalen zu tragen, ist fast, wie gefesselt zu sein. Dahingegen verschafft barfuß zu gehen den Füßen große Freiheit und Anmut, wenn sie daran gewöhnt sind. Aus diesem Grund tragen Langstreckenkuriere keine Sandalen, ebenso wenig wie Läufer bei Wettkämpfen, die nicht ihre volle Geschwindigkeit erreichen würden, wenn sie darin laufen müssten.

Da wir auch Häuser zu unserem Schutze bauen, bin ich der Meinung, dass sie so gebaut werden sollten, dass sie der bloßen Notwendigkeit genügen, Kälte und extreme Hitze abzuhalten sowie denen, die es brauchen, Schutz vor Sonne und Wind zu bieten. Im Allgemeinen sollten unsere Häuser uns das bieten, was auch eine natürliche Höhle uns als angemessenen Schutz bieten würde – gerade so viel Raum, dass genügend Platz zum Aufbewahren von Nahrung übrig bleibt. Wozu mit Säulen umgebene Höfe? Wozu bunte Stuckwände? Wozu vergoldete Zimmerdecken? Was nützen teure Bodenmosaike oder Wandreliefs mit seltenen, sündhaft teuren Steinen, die von weit her hergeschafft wurden? Sind nicht all diese Dinge völlig überflüssig und unnötig, da man auch ohne sie gut und gesund leben kann? Und verursachen sie nicht ständig Probleme und kosten viel Geld, das anderweitig durch staatliche Maßnahmen oder private Spenden vielen Menschen hätte zugutekommen können? Wie viel lobenswerter als ein Leben im Luxus ist es doch, möglichst vielen Menschen zu helfen. Wie viel edler ist es doch, Geld für das Wohl von Menschen auszugeben als für Hölzer und Steine. Wie viel verdienstvoller wäre es doch, viele Freunde zu gewinnen, indem man mit Freude Gutes tut, als in einem großen Haus zu sitzen? Was würde man mit einem solchen Prunkbau gewinnen, verglichen mit dem Verdienst, den man daraus zöge, wenn man seinen Reichtum dem Staat und seinen Mitbürgern zukommen ließe?

20.

Über die Einrichtungsgegenstände

Wie mit dem Prunk bei Häusern verhält es sich auch mit dem Prunk bei allen Einrichtungsgegenständen im Haus – Sofas, Tische, Decken, Trinkbecher und ähnliche Gegenstände –, der die wahren Bedürfnisse vollends übersteigt und weit über das Notwendige hinausgeht. Es gibt elfenbeinerne und silberne, ja sogar goldene Sofas, Tische aus ähnlichen Materialien, Decken aus Purpur und anderen seltenen Farben, Becher aus Gold und Silber, einige aus Marmor oder ähnlichen Materialien, die in ihrer Kostspieligkeit mit der von Gold und Silber konkurrieren. All diese Dinge sind überaus begehrt, obgleich eine Pritsche nicht schlechter zum Liegen geeignet ist als ein silbernes oder elfenbeinernes Sofa und ein grober Überwurf ebenso passend ist wie ein purpurner oder karminroter. Man kann durchaus gefahrlos von einem hölzernen Tisch essen, ohne sich nach einem silbernen sehnen zu müssen. Auch sind Tonbecher zum Löschen des Durstes ebenso gut geeignet wie Kelche aus Gold. Der Wein, der in sie gegossen wird, wird nicht etwa verdorben, sondern duftet süßer als in Bechern aus Gold oder Silber.

Überhaupt sollte man ausschließlich nach diesen drei Kriterien beurteilen, was eine gute und was eine schlechte Einrichtung ist: Erwerb, Verwendung und Aufbewahrung. Was schwer zu beschaffen, nicht bequem zu benutzen oder nicht leicht aufzubewahren ist, ist minderwertig; was aber einfach zu erwerben, praktisch in der Nutzung ist und sich leicht instand halten lässt, ist vorzuziehen. Aus diesem Grund sind Gefäße aus Ton, Eisen oder ähnlichem Material viel besser geeignet als solche aus Silber oder Gold, denn sie sind preiswerter und einfacher zu erwerben, nützlicher, da wir sie gefahrlos Hitze und Feuer aussetzen können (was bei anderen nicht möglich ist), und sie aufzubewahren ist kein Problem, da billige Gefäße viel seltener entwendet werden als teure. Ein nicht geringer Teil der Instandhaltung besteht darin, sie sauber zu halten, was bei teuren Exemplaren eine kostspielige Angelegenheit ist. Gleich einem Pferd, das für wenig Geld gekauft wird, aber viele Bedürfnisse erfüllen kann, einem vorzuziehen ist, das wenig leistet, obwohl es viel gekostet hat, so sind auch bei den Einrichtungsgegenständen die preiswerteren und nützlicheren besser als die teureren und weniger nützlichen.

Warum also werden seltene und teure Stücke den eher verfügbaren und preiswerten vorgezogen? Weil die Törichten den Wert wahrhaft guter und schöner Dinge nicht erkennen und stattdessen diejenigen bevorzugen, die nur gut erscheinen. Die Törichten kommen damit den Verrückten, die oft glauben, dass Schwarz gleich Weiß wäre, am nächsten. Wie sich zeigt, stimmen die besten Gesetzgeber dem zu – und ich denke dabei in erster Linie an Lykurg, der Sparta von der Verschwendungssucht befreite und die Genügsamkeit zur Tugend erhob, der ein entbehrungsreiches Leben als Mittel zur Erlangung von Tapferkeit einem Leben voller Ausschweifungen vorzog und der den Luxus als verderblichen Einfluss abschaffte und den Willen, Entbehrungen zu ertragen, als dem Staate förderlich betrachtete. Dies bezeugt auch die Widerstandsfähigkeit der spartanischen Epheben, die daran gewöhnt wurden, Hunger, Durst und Kälte, ja sogar Schläge und andere Härten zu ertragen. Zu solch edlem und enthaltsamem Verhalten erzogen, taten sich unter allen Griechen die alten Lakedaimonier hervor, die ein sehr hohes Ansehen genossen. Sie wurden um ihre Armut mehr beneidet als der König um seinen Reichtum.

Ich für meinen Teil zöge daher die Krankheit dem Luxus vor, denn Krankheit schadet nur dem Körper, der Luxus aber zerstört sowohl Körper als auch Seele, er schwächt und betäubt den Körper und erzeugt Unbeherrschtheit und ein ängstliches Gemüt. Darüber hinaus führt Luxus zu Ungerechtigkeit, da er Habgier erzeugt. Denn kein Mann mit extravagantem Geschmack kann vermeiden, verschwenderisch zu werden, noch wird er Sparsamkeit als wichtig erachten, stattdessen wird er durch sein Verlangen, viele Dinge zu besitzen, nicht davon ablassen, immer mehr Besitztümer anzuhäufen, und durch sein Streben, ständig mehr zu erwerben, wird er habgierig und ungerecht, denn allein mit gerechten Methoden schafft es niemand, vieles in seinen Besitz zu bringen. Und auch in einem weiteren Sinne käme dieser Lebemann vom Pfad der Gerechtigkeit ab, denn er würde sich davor zieren, seine Bürgerpflichten zu erfüllen und dafür auf Annehmlichkeiten zu verzichten, und wäre es einmal notwendig, zugunsten von Freunden oder Verwandten Entbehrungen zu erdulden, würde er es nicht tun, weil seine Liebe zum Luxus es ihm verbieten würde. Darüber hinaus muss ein gottgläubiger Mann von Zeit zu Zeit seine Pflichten gegenüber den Göttern erfüllen, indem er Opfer darbringt, Initiationsriten ausführt oder ähnliche Dienste verrichtet. Auch hier wird sich der Verschwender als unzulänglich erweisen. So wäre er in jeder Hinsicht ungerecht gegenüber dem Staate, seinen Freunden und den Göttern, da er seinen Pflichten nicht nachkommen würde. Weil Luxus und Verschwendung demnach Ursachen für Ungerechtigkeit sind, müssen sie in jeglicher Hinsicht gemieden werden.

21.

Über den Haarschnitt

Er pflegte zu sagen, dass ein Mann sich die Haare auf dem Kopf aus demselben Grund schneiden lassen sollte, aus dem wir einen Weinstock beschneiden, das heißt, um schlicht das zu entfernen, was überflüssig ist. Aber so wie die Augenbrauen oder die Wimpern, die dem Schutz der Augen dienen, nicht geschnitten werden sollten, so sollte auch der Bart am Kinn nicht gestutzt werden, denn er ist nicht etwa überflüssig, sondern von der Natur als eine Art Bedeckung oder Schutz für uns vorgesehen. Darüber hinaus ist der Bart ein natürliches Symbol der Männlichkeit, ebenso wie der Hahnenkamm und die Löwenmähne. Man soll also den überflüssigen, lästigen Haarwuchs entfernen, aber nichts vom Bart; denn ein Bart ist keine Last, solange der Körper gesund und nicht von einer Krankheit befallen ist, bei der es notwendig wäre, das Haar am Kinn zu schneiden.

Zenon merkte hierzu treffend an, dass das Schneiden der Haare ebenso natürlich sei, wie sie lang wachsen zu lassen, damit sie einem nicht zur Last fallen oder behindern. Denn die Natur wacht sowohl bei Pflanzen als auch bei Tieren viel sorgfältiger über Mangel als über Überfluss, da es viel leichter ist, einen Überfluss zu beseitigen, als Fehlendes hinzuzufügen. In beiden Fällen sollte gesunder Menschenverstand die Natur dabei unterstützen, Unzulänglichkeiten so weit wie möglich auszugleichen und Mängel zu beheben wie auch Überflüssiges zu verringern und zu beseitigen. Deshalb sollte man die Haare nur schneiden, wenn es nötig ist, und nicht um des Aussehens willen, wie manche meinen, die sich die Wangen rasieren und die Bartlosen nachahmen, oder wie die

Jungen – man glaubt es kaum –, bei denen der Bart gerade erst zu sprießen beginnt und die sich die Haare nicht gleichmäßig, sondern vorn und hinten unterschiedlich lang schneiden. Was sie für gutes Aussehen halten, ist in Wahrheit das genaue Gegenteil davon und unterscheidet sich in keiner Weise von den Bemühungen der Frauen, sich schön zu machen. Denn diese flechten, wie du weißt, einen Teil ihres Haares, lassen einen anderen Teil frei fallen und wiederum einen anderen Teil ordnen sie auf eine weitere Weise, nur um schöner zu erscheinen. Männer, die sich die Haare schneiden, tun dies offensichtlich aus dem Wunsch heraus, Aufmerksamkeit bei denen zu erregen, denen sie gefallen wollen, und so schneiden sie einige ihrer Haare ganz ab und andere frisieren sie so, dass es den Frauen und Jungen, von denen sie bewundert werden wollen, am besten gefällt. Heutzutage gibt es sogar Männer, die ihr Haar abschneiden, um sich von dessen Last zu befreien, auch ihre Wangen rasieren sie sich. Offensichtlich sind solche Männer Sklaven eines Lebens in Luxus und gänzlich verweichlicht – Männer, die es ertragen können, als weibische Wesen, als Zwitter, angesehen zu werden, etwas, das wahre Männer um jeden Preis vermeiden würden. Wie könnten Haare für Männer eine Last sein? Dann könnte man auch behaupten, Federn seien für Vögel eine Last.

Fragmente

22. Musonius Rufus

Es ist unmöglich, gut zu leben, außer man lebt jeden Tag so, als wäre es der letzte.

23. Musonius Rufus

Wie können wir Tyrannen anklagen, wenn wir selbst viel schlimmer sind als sie? Denn wir besitzen die gleichen Triebe, nur nicht die gleichen Möglichkeiten, ihnen zu frönen.

24. Musonius Rufus

Wenn man das, was sich geziemt, mit dem Maßstab des Vergnügens messen würde, wäre nichts vergnüglicher als Selbstbeherrschung; und wenn man das, was es zu vermeiden gilt, am Schmerz messen würde, wäre nichts schmerzhafter als mangelnde Selbstbeherrschung.

25. Musonius Rufus

Musonius Rufus sagte, es gebe keine schändlichere Widersprüchlichkeit, als sich bei schmerzhafter Belastung an die Schwäche des Körpers zu erinnern, sie aber beim Genießen von Vergnügungen zu vergessen.

26. Musonius Rufus

Man verliert die Scheu, Ungehöriges zu tun, wenn man die Scheu verliert, darüber zu sprechen.

27. Musonius Rufus

Und wenn du an dem festhalten willst, was richtig ist, dann lass dich nicht durch schwierige Umstände davon abbringen, sondern denk daran, wie viele Dinge dir im Leben bereits widerfahren sind, die du dir anders gewünscht hättest und die sich letztlich als etwas Gutes erwiesen haben.

28. Musonius Rufus

Entscheide dich dafür, gut zu sterben, solange es dir noch möglich ist, denn kurz darauf könnte es dir nur noch möglich sein, zu sterben, aber nicht mehr, gut zu sterben.

29. Derselbe

Jemand, der lebendig vielen Menschen von Nutzen ist, hat nicht das Recht, sich für den Tod zu entscheiden, es sei denn, er kann durch seinen Tod noch mehr Menschen von Nutzen sein.

30. Musonius Rufus

Du wirst dir die Hochachtung aller Menschen verdienen, wenn du damit beginnst, dir deine eigene Hochachtung zu verdienen.

31. Musonius Rufus

Diejenigen leben nicht lange, die sich angewöhnt haben, zur Rechtfertigung ihres Handelns zu ihren Untertanen nicht »Es ist meine Pflicht« zu sagen, sondern »Es ist mein Wille«.

32. Derselbe

Erwarte nicht, dass du Menschen dazu anhalten kannst, das Richtige zu tun, wenn diese dein eigenes Fehlverhalten kennen.

33. Derselbe

Man sollte sich bemühen, von Untertanen mit Ehrfurcht und nicht mit Angst betrachtet zu werden. Das eine geht mit Ehrerbietung einher, das andere mit Bitterkeit.

34. Musonius Rufus

Die Schätze von Krösus und Kinyras sollen wir als den letzten Grad der Armut verurteilen. Einen Menschen und nur einen allein werden wir als reich betrachten: denjenigen, der die Fähigkeit erworben hat, immer und überall nichts zu entbehren.

35. Musonius Rufus

Da die Schicksalsgöttinnen jedem Menschen gleichermaßen das Los des Todes zugedacht haben, ist derjenige gesegnet, der gut stirbt, statt spät.

36.

Und außerdem, Sulla, ist dies einer von den bemerkenswerten Aussprüchen des Musonius Rufus, die mir in den Sinn kommen, nämlich dass diejenigen, die gesund sein wollen, ihr Leben damit verbringen sollten, auf sich achtzugeben. Denn anders als Nieswurz sollte die Vernunft nicht mit dem Ende der Krankheit hinausgeworfen werden, nachdem sie eine Heilung bewirkt hat, sondern sie soll in der Seele verbleiben dürfen, um das Urteilsvermögen zu bewahren und zu schützen. Denn die Kraft der Vernunft ist nicht mit Arzneien zu vergleichen, sondern mit gesundheitsfördernden Nahrungsmitteln, weil sie bei denen, die sich an sie gewöhnen, eine gute und gesunde Geisteshaltung herbeiführt. Dagegen haben Ermahnungen und Warnungen, die ausgesprochen werden, wenn die Gefühle am hitzigsten sind, kaum eine Wirkung. Sie sind den Düften nicht unähnlich, die Menschen, die einen Anfall erlitten haben, wiederbeleben, aber die Krankheit nicht heilen.

37.

Der allgemein bekannte Rutilius trat in Rom an Musonius heran und sagte: »Zeus, der Retter, den du nachahmst und dem du nacheiferst, leiht sich kein Geld.« Und Musonius antwortete mit einem Lächeln: »Er verleiht aber auch kein Geld.« Denn Rutilius, der selbst Geld verlieh, warf Musonius vor, dass er sich Geld borgen würde.

38. Musonius Rufus, aus den Bemerkungen des Epiktet über die Freundschaft

Über einige der Dinge, die existieren, hat Gott uns die Kontrolle gegeben, über andere nicht. In unsere Kontrolle hat er den edelsten und hervorragendsten Teil gelegt, dessen er sich selbst glücklich schätzen kann, nämlich die Macht, unsere Vernunft zu gebrauchen. Denn wenn diese richtig angewendet wird, bedeutet dies Gelassenheit, Heiterkeit, Beständigkeit; es bedeutet auch Gerechtigkeit, Recht, Selbstbeherrschung und allgemeine Tugend. Aber alles andere hat er nicht in unsere Macht gelegt. Deshalb sollten wir uns der Ansicht Gottes anschließen und, indem wir die Dinge in gleicher Weise aufteilen, in jeder Hinsicht das als unsere Angelegenheit betrachten, was in unserer Macht liegt; was aber nicht in unserer Macht liegt, sollten wir dem Universum anvertrauen und ihm gern überlassen, ob es nun nach unseren Kindern, unserem Land, unserem Körper oder nach irgendetwas anderem verlangt.

39. Musonius Rufus, aus den Bemerkungen des Epiktet über die Freundschaft

Wer von uns staunt nicht über die Tat des Lakedaimoniers Lykurgos? Denn als er von einem seiner Mitbürger auf einem Auge geblendet worden war und den jungen Mann übergeben bekommen hatte, um ihn nach eigenem Gutdünken zu bestrafen, tat er das nicht, sondern bildete ihn stattdessen aus und machte einen guten Mann aus ihm und begleitete ihn danach ins öffentliche Theater. Und als die Lakedaimonier ihn erstaunt ansahen, sagte er: »Diesen Mann habe ich von euch als unverfrorenes und gewalttätiges Wesen empfangen; ich gebe ihn euch als vernünftigen Mann und guten Bürger zurück.«

40. Musonius Rufus, aus den Bemerkungen des Epiktet Epiktet über die Freundschaft

Aber vor allem besteht das Werk der Natur darin, das Verlangen und den Tatendrang mit der Erkenntnis in Einklang zu bringen, was sich ziemt und sinnvoll erscheint.

41. Musonius Rufus, aus den Bemerkungen des Epiktet über die Freundschaft

Die verbreitete Vorstellung, dass man von den anderen verachtet wird, wenn man nicht jederzeit danach strebt, seinen Feinden zu schaden, wo immer man ihnen begegnet, ist das Kennzeichen der Niederträchtigen und Ungebildeten. Angeblich erkennt man einen verachtenswerten Menschen unter anderem daran, dass er nicht in der Lage ist, seinen Feinden zu schaden. In Wirklichkeit aber erkennt man ihn viel leichter an seiner Unfähigkeit, ihnen zu helfen.

42. Musonius Rufus, aus den Bemerkungen des Epiktet über die Freundschaft

Von solchem Wesen war die Natur des Universums, und sie ist es noch und wird es immer sein, und Dinge, die entstehen, werden immer auf die gleiche Art und Weise entstehen, wie sie es jetzt tun. Und diesem

Prozess ständiger Veränderung und Umwandlung unterliegen nicht nur Menschen und andere Geschöpfe auf Erden, sondern auch die göttlichen Wesen, und sogar die vier Elemente ändern sich stetig und tauschen ihre Plätze: Erde wird zu Wasser, Wasser zu Luft, Luft wiederum wird in Äther gewandelt; und dieser Umwandlungsprozess findet in beide Richtungen statt. Ein Mensch, der dies verinnerlicht und sich bereitwillig mit dem Unvermeidlichen abfindet, wird ein angemessenes Leben im Einklang mit dem Universum führen.

43.

Thrasea pflegte zu sagen: »Lieber würde ich heute sterben, als morgen verbannt zu werden.« Was entgegnete Rufus ihm darauf? »Wenn du dir den Tod als das schwerere Schicksal auswähltest, was für eine törichte Wahl wäre das! Aber auch wenn du ihn dir als das leichtere auswähltest – wer bist du, zu glauben, du hättest eine Wahl? Willst du dich nicht darin üben, dich mit dem zufriedenzugeben, was dir gewährt wurde?«

44.

Warum sind wir weiterhin faul, nachlässig und träge und suchen nach Ausreden, um nicht hart arbeiten zu müssen, und sitzen bis spät in die Nacht, um unsere Beherrschung der logischen Argumentation zu perfektionieren? »Nun, wenn ich auf der Suche nach der Lösung dieser Aufgabe einen Fehler begangen haben sollte, dann habe ich dadurch schließlich nicht meinen Vater umgebracht, oder?« Du dummer Junge, soll ich dir zeigen, wo in diesem Beispiel der Vater ist, den du umbringst? Du hast gerade den einzigen möglichen Fehler, den es in diesem Beispiel gibt, begangen. Doch war dies auch genau die Antwort, die ich Rufus gab, als er mich tadelte, weil ich das fehlende Bindeglied in einer bestimmten logischen Schlussfolgerung nicht fand. »Es ist doch nicht so, als hätte ich das Kapitol in Brand gesetzt.« Woraufhin er antwortete: »In diesem Fall, du törichter Kerl, *ist* das fehlende Bindeglied das Kapitol.« Sind dies wirklich die einzigen Verfehlungen, die es gibt – das Kapitol anzuzünden und jemanden umzubringen? Aber seine Vermutungen ohne Ziel und Nutzen völlig willkürlich anzustellen, ohne der Diskussion zu folgen, ohne etwas zu sagen und ohne einen Anschein von Vernunft, und dabei völlig zu übersehen, welche Fragen und Antworten einem zum Vorteil oder zum Nachteil gereichen – sind das alles etwa keine Fehler?

45.

Und um mich gleicherweise auf die Probe zu stellen, pflegte Rufus zu sagen: »Dieses und jenes wird dir durch die Hand deines Herrn widerfahren.« Ich antwortete ihm, dass es in einem solchen Fall freundlich von ihm wäre, für mich einzutreten. »Was!«, rief er aus. »Warum glaubst du, ich müsse für dich eintreten, wenn ich dasselbe Resultat auch von dir selbst bekommen könnte?« Denn in Wahrheit ist es überflüssig und töricht, etwas von einem anderen zu fordern, was man auch durch eigene Kraft hätte bekommen können.

46.

Es ist nicht leicht, auf verweichlichte Charaktere einzuwirken, genauso wenig wie einen weichen Käse mit einem Haken anzuheben. Dagegen halten junge Männer mit gesundem Charakter umso stärker an der Philosophie fest, je mehr man sie abweist. Aus diesem Grund entmutigte Rufus häufig seine Schüler, um so die Spreu vom Weizen zu trennen. Denn er pflegte zu sagen: »Ganz wie ein Stein, der, auch wenn man ihn nach oben wirft, aufgrund seiner Natur wieder nach unten fällt, so wird der bessere Mensch, je mehr man ihn abweist, umso mehr in seine eigene, natürliche Richtung streben.«

47.

Nach der Ermordung von Galba sagte jemand zu Rufus: »Willst du auch jetzt noch behaupten, die Welt würde durch göttliche Vorsehung regiert?«, woraufhin dieser antwortete: »Habe ich jemals auch nur einen Moment lang mein Argument, dass die Welt durch göttliche Vorsehung regiert wird, auf Galba aufgebaut?«

48.

Rufus pflegte zu sagen: »Wenn ihr damit Zeit vergeudet, mich zu loben, so ist dies für mich ein Beleg dafür, dass das, was ich sage, nichts wert ist.« Völlig ohne Applaus von unserer Seite sprach er so, dass jeder von uns, der dort saß, das Gefühl hatte, jemand sei insgeheim zu ihm gegangen und habe ihm von unseren Fehlern berichtet, so genau beschrieb er unsere wahren Charaktere, so treffend hielt er jedem seine Fehler vor Augen.

49.

Es ist überliefert, dass der Philosoph Musonius in seinen Reden den Beifall seiner Zuhörer zu missbilligen und zu unterdrücken pflegte. »Wenn ein Philosoph«, sagte er, »ermahnt, überzeugt, tadelt oder irgendeinen Aspekt der Philosophie diskutiert, wenn die Zuhörer in ihrer Begeisterung und Unbeherrschtheit banale und alltägliche

Worte des Lobes ausstoßen, wenn sie sogar schreien, wenn sie gestikulieren, wenn sie bewegt und erregt sind und vom Charme seiner Worte, vom Rhythmus seiner Sätze und von bestimmten rhetorischen Wiederholungen mitgerissen werden, dann sei gewiss, dass sowohl der Redner als auch sein Publikum ihre Zeit verschwenden und dass sie keinen Philosophen sprechen hören, sondern einen Musiker, der die Leute mit seiner Flöte verzaubert. Der Verstand eines Menschen«, führte er aus, »der einem Philosophen zuhört, hat, wenn die Dinge, die gesagt werden, nützlich und hilfreich sind und Abhilfe für Fehler und Irrtümer schaffen, keine Muße und Zeit für überschwängliches und extravagantes Lob. Der Zuhörer, wer er auch sein mag, muss, wenn er nicht völlig sein moralisches Empfinden verloren hat, beim Hören der Worte des Philosophen erschauern und sich insgeheim schämen und reumütig fühlen und wird dann wiederum Freude und Verwunderung empfinden und die wechselnden Gefühle werden sich auf seinem Gesicht widerspiegeln, wenn die Rede des Philosophen auf ihn einwirkt und ihn den Teil seiner Seele erkennen lässt, der gesund ist, und den, der krank ist.«

Weiterhin pflegte er zu sagen, dass großer Beifall und Bewunderung gewiss Hand in Hand gingen, dass aber die größte Bewunderung eher Schweigen als Worte hervorbringt. Aus diesem Grunde, so sagte er, habe der weiseste aller Dichter Zuhörer, die nach dem Erzählen der wunderbaren Geschichte von Odysseus und seinen Entbehrungen nicht aufspringen, schreien und ihren Beifall ausrufen, wenn er zu Ende gesprochen hat, sondern die schweigen, als wären sie wie betäubt und ganz benommen, weil das Vergnügen, ihm zuzuhören, ihre Sprachfähigkeit beeinträchtigt hat.

So sprach er, aber alle schwiegen
Und waren wie gebannt in den schattigen Hallen.

50.

»Musonius«, so erzählte Herodes, »ordnete an, einem Bettler, der sich als Philosoph ausgab, tausend Sesterzen zu geben, und als mehrere Leute ihm sagten, der Schurke sei ein schlechter und lasterhafter Kerl, der nichts Gutes verdiene, soll Musonius mit einem Lächeln geantwortet haben: ›Nun, dann verdient er Geld.‹«

51.

Als ich noch ein Schuljunge war, hörte ich, dass der griechische Ausspruch, welchen ich hier wiedergebe, von dem Philosophen Musonius Rufus stamme, und da er so wahr und treffend ist und sich so schön und prägnant zusammenfassen lässt, habe ich ihn mir mit Freuden eingeprägt. »Wenn man mit Mühe etwas Gutes tut, so wird die Mühe vergehen, aber das Gute bleibt; wenn man aber mit Freuden etwas Schmachvolles tut, so vergeht die Freude, aber die Schmach bleibt.«

Diesen Gedanken fand ich später in einer Rede von Cato wieder, welche er in Numantia vor den Rittern hielt. Obschon sie im Vergleich zu der von mir zitierten griechischen Rede etwas weniger kompakt und prägnant formuliert ist, mag sie, weil sie älter und antiker ist, beeindruckender wirken. Die Worte aus seiner Rede lauten wie folgt: »Bedenkt dies in eurem Herzen: Wenn ihr etwas Gutes vollbringt, das mit Mühsal verbunden ist, wird die Mühsal schnell vergessen sein; wenn ihr aber etwas Böses tut, das mit Vergnügen verbunden ist, so wird das Vergnügen schnell vergehen, die schlechte Tat aber wird euch immer verfolgen.«

52.

»Den Verstand nicht zu gebrauchen, bedeutet letztendlich, ihn zu verlieren.«

53.

Jemand, der mir Mut zusprechen wollte, zitierte einen Ausspruch von Musonius Rufus. »Musonius«, sagte er, »wollte einen niedergeschlagenen und lebensmüden Mann ermuntern. Er berührte ihn und fragte: ›Worauf wartest du, warum stehst du hier und starrst vor dich hin? Darauf, dass Gott persönlich vorbeikommt, sich zu dir gesellt und sich mit dir in deiner Sprache unterhält? Entledige dich dieses toten Teiles deiner Seele, und du wirst die Gegenwart Gottes erkennen.‹ Das«, so sagte er, »waren die Worte des Musonius.«

Literatur

Verwendete Literatur der englischen Ausgabe

Diese Angaben beziehen sich auf das englischsprachige Werk *That One Should Disdain Hardships – The Teachings of a Roman Stoic*, das hier in einer deutschen Übersetzung vorliegt.

Es gibt zwei Ausgaben der Texte von Musonius Rufus, die von I. Venhuizen Peerlkamp (Haarlem, 1822) und die von Otto Hense (Leipzig: Teubner, 1905). Mit Ausnahme von 13 Fragmenten und einem Teil des Lehrgespräches 15, das nur in den *Rendel-Harris-Papyri* erhalten ist, Hrsg. J. Enoch Powell (Cambridge: Cambridge University Press, 1936), wurden die Lehrgespräche und Fragmente aus den beiden Werken von Stobaeus, dem *Anthologium*, Hrsg. Curtius Wachsmuth und Otto Hense (1884; Berlin: Weidmann, 1958), und dem *Florilegium*, Hrsg. Augustus Meineke (Leipzig: Teubner, 1856), zusammengestellt. Es gibt eine lateinische Übersetzung in Conrad Gesners Ausgabe von Stobaeus (Basel, 1549).

LITERATUR-EMPFEHLUNGEN

Cora E. Lutz' *Musonius Rufus: »The Roman Socrates«* bietet eine der besten Einführungen in dessen Werk. Die Lektüre von Musonius Rufus' Texten Seite an Seite mit den *Unterredungen* von Epiktet, *Briefe an Lucilius* von Seneca und *Selbstbetrachtungen* von Mark Aurel würde den aufschlussreichsten Kontext liefern. Die bisher beste Monographie über Musonius Rufus ist Laurands *Stoïcisme et lien social;* er analysiert Musonius in Bezug auf die stoische Philosophie; siehe auch Ramelli, *Musonio Rufo.* Für die beste Darstellung, wie Musonius Rufus sich der Kyniker bediente, siehe Geytenbeek, *Musonius Rufus and Greek Diatribe.* Für eine gute Vergleichsgrundlage siehe Long, *Epictetus,* über Epiktets Verwendung von Sokrates als Vorbild. Das Werk *The Roman Stoics* und der Aufsatz »Authority and Agency in Stoicism« von mir, Gretchen Reydams-Schils, analysieren Musonius Rufus' Ansichten in erster Linie im Kontext der Stoiker der römischen Kaiserzeit, stützen sich aber auch auf früheres stoisches Material, das eine Grundlage für die menschliche Geselligkeit und das wenig autoritäre Verhalten der stoischen Lehrer bietet. Martha Nussbaum weist in »The Incomplete Feminism of Musonius Rufus« auf viele Parallelen zwischen Musonius und Platon hin, obwohl ich ihn so interpretiert habe, dass er eine *kritische* Haltung gegenüber Platons *Der Staat* einnimmt. Inwoods »The Legacy of Musonius Rufus« versucht, Musonius Rufus als einen allgemeinen Intellektuellen darzustellen, der aus vielen Quellen schöpfte, und nicht als jemanden, der sich speziell dem Stoizismus verpflichtet fühlte – eine Ansicht, die ich nicht teile.

Aurel, Mark, *Selbstbetrachtungen. In einer Neuübersetzung von Gregory Hays*, übersetzt von Elisabeth Liebl, München: FinanzBuch Verlag, 2020.

Farnsworth, Ward, *Der praktizierende Stoiker*, übersetzt von Kerstin Brömer, München: FinanzBuch Verlag, 2021.

Geytenbeek, A. C. van, *Musonius Rufus and Greek Diatribe*, überarb. Aufl., übersetzt von B. L. Hijmans, Jr. Assen: Van Gorcum, 1963.

Inwood, Brad, »The Legacy of Musonius Rufus, in *From Stoicism to Platonism: The Development of Philosophy, 100 BCE–100 CE*, Hrsg. Troels Engberg-Pedersen, 254–276, Cambridge: Cambridge University Press, 2017.

Irvine, William B., *Eine Anleitung zum guten Leben. Wie Sie die alte Kunst des Stoizismus für Ihr Leben nutzen*, übersetzt von Karin Schuler und Franziska Knupper, München: FinanzBuch Verlag 2020.

Laurand, Valéry, *Stoïcisme et lien social: Enquête autour de Musonius Rufus*, Paris: Classiques Garnier, 2014.

Long, Anthony A., *Epictetus: A Stoic and Socratic Guide to Life*, Oxford: Clarendon, 2002.

Lutz, Cora E., Übers., *Musonius Rufus: »The Roman Socrates«*, Yale Classical Studies 10, New Haven: Yale University Press, 1947.

Nussbaum, Martha C., »The Incomplete Feminism of Musonius Rufus, Platonist, Stoic, and Roman, in *The Sleep of Reason: Erotic Experience and Sexual Ethics in Ancient Greece and Rome*, Hrsg. Martha C. Nussbaum und Juha Sihvola, 283–326, Chicago: University of Chicago Press, 2002.

Ramelli, Ilaria, *Musonio Rufo: Diatribe, frammenti e testimonianze*, Mailand: Bompiani, 2001.

Reydams-Schils, Gretche, »Authority and Agency in Stoicism, in *Greek, Roman, and Byzantine Studies* 51 (2011): 296–322.

Greek, Roman, The Roman Stoics: Self, Responsibility, and Affection, Chicago: University of Chicago Press, 2005.

Robertson, Donald, *Stoizismus und die Kunst, glücklich zu leben*, übersetzt von Kerstin Brömer, München: FinanzBuch Verlag 2021.

Salzgeber, Jonas, *Das kleine Handbuch des Stoizismus*, München: FinanzBuch Verlag, 2019.

Van Natta, Matthew, *Stoizismus. Das besondere Buch für den angehenden Stoiker*, übersetzt von Cornelia Stoll, München: FinanzBuch Verlag, 2021.

Van Natta, Matthew, *Stoizismus – Das 5-Minuten-Journal. Das Arbeitsbuch für den angehenden Stoiker*, übersetzt von Cornelia Stoll, München: FinanzBuch Verlag, 2021.

Das kleine Handbuch des Stoizismus

Jonas Salzgeber

Die stoische Philosophie war schon in der Antike eine der erfolgreichsten lebensphilosophischen Schulen. Um 300 vor Christus von Zenon von Kition gegründet und von großen Denkern wie Seneca, Marc Aurel und Epiktet vertreten, ist sie bis heute unschlagbar in ihrer stringenten Art, Gelassenheit und Gleichmut gegenüber den Untiefen des Lebens zu vermitteln. Das kleine Handbuch des Stoizismus stellt die wesentlichen Lehrsätze der maßgeblichen Philosophen vor und gibt einen Einblick in den historischen Hintergrund. Der Autor Jonas Salzgeber zeigt, wie sich diese Grundsätze auf das eigene Leben übertragen lassen, um Kraft, Selbstvertrauen und innere Balance zu erlangen.

304 Seiten | Softcover | 16,99 € (D) | ISBN 978-3-95972-270-4

Das Leben der Stoiker

Ryan Holiday, Stephen Hanselman

Von Epiktet bis Mark Aurel, von Sklaven bis zu Kaisern – Ryan Holiday, dessen Bestseller und die darin enthalten Lebensweisheiten längst Kult sind, zeigt, warum auch 2300 Jahre nach der Entstehung der Stoa ihre Lehren noch immer von universeller Gültigkeit sind: Ihre Lektionen zu Selbstbeherrschung, Tugend und Gleichgültigkeit gegenüber dem, was wir nicht kontrollieren können, sind heute genauso essenziell wie in den stürmischen Zeiten des Römischen Reiches.

Holiday enthüllt die zentralen Ideen der Stoa, die Seneca, Cato oder Cicero über die Jahrhunderte hinweg verbinden. Dabei werden die Philosophen stets im Licht ihrer besonderen Bedeutung in der Geschichte der Stoa betrachtet. Mit kurzen, leicht zu lesenden Biografien aller bekannten – und weniger bekannten – Stoiker hilft der Autor dem Leser, die Philosophie im eigenen Leben anzuwenden.

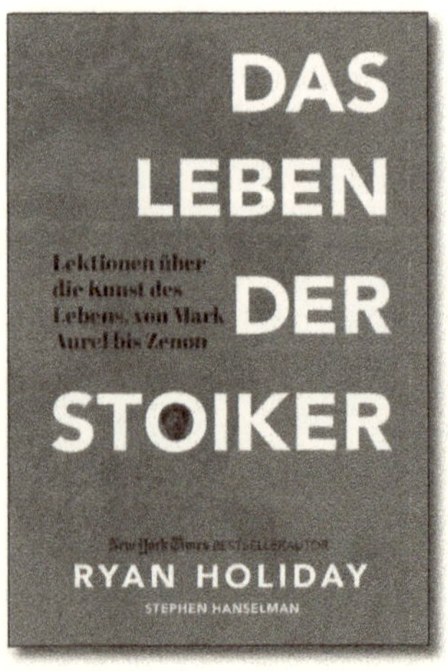

400 Seiten | Hardcover | 19,99 € (D) | ISBN 978-3-95972-377-0

Denke wie ein römischer Herrscher

Donald Robertson

Mark Aurel ist als »Philosoph auf dem Kaiserthron« in die Geschichte eingegangen, als der letzte Stoiker der Alten Welt. Den Großteil seiner neunzehn Jahre währenden Herrschaft verbrachte er damit, Barbarenstürme abzuwehren, die das Römische Reich bedrohten. Die Philosophie der Stoa half ihm dabei, Ruhe und inneren Frieden zu bewahren. Denke wie ein römischer Herrscher zeigt, wie dieser große Herrscher die Prinzipien und psychologischen Konzepte der Stoa im täglichen Leben anwandte. Jedes Kapitel fokussiert einen anderen Abschnitt aus seinem Leben und damit jeweils ein Thema aus dem Feld der persönlichen Entwicklung, das heute so relevant ist wie damals.

Der Autor greift auf seine eigene Expertise als Psychotherapeut zurück, um zu zeigen, wie sich die immer noch hochaktuellen Lehren der Stoa auf das eigene Leben anwenden lassen und Schicksalsschläge und Herausforderungen gemeistert werden können.

304 Seiten | Hardcover | 24,99 € (D) | 25,70 € (A) | ISBN 978-3-95972-251-3

Epiktet: Über die Kunst der inneren Freiheit

A. A. Long

Als Sklave geboren, war für Epiktet (55 – 135 n. Chr.) Freiheit ein lebenswichtiger Wert. Dabei sah er geistige Freiheit als fundamental an, da sie Menschen überall frei sein lässt, sogar im Gefängnis. Er definiert Freiheit nicht als Menschenrecht oder politische Forderung, sondern als einen ethischen Wert, den wir uns nur selbst erarbeiten können. Indem das Buch die griechischen Originaltexte der neuen Übersetzung gegenüberstellt, wird die Aktualität, die der Freiheitsbegriff in der Lehre der Stoa heute noch besitzt, besonders herausgestellt. Eine brandneue Ausgabe von Epiktets berühmtem Buch über die Stoa: Encheiridion (Anleitung zum glücklichen Leben) sowie einer Auswahl seiner Unterredungen– von einem der führenden Experten der Philosophie der Stoa.

224 Seiten | Hardcover | 17,00 € (D) | ISBN 978-3-95972-187-5